Kauppias ja minä

Ajattelen, että ihmisen ymmärtäminen ja hyväksyminen on poh-
jimmiltaan halua ja kykyä mennä mukaan hänen tarinaansa.
Nykyajassa on vain vähän tilaa ihmisten aidoille tarinoille.
Kun menet hoitamaan asioitasi virastoon,
sinulle tehdään muodollisia kysymyksiä ja saat ehkä
lomakkeen täytettäväksesi.
Tietosi tallennetaan arkistoon ja luullaan, että sinut voitaisiin
tunnistaa niiden avulla.
Kuitenkin sinä olet oma elämäntarinasi.
Ei sinua voida tuntea, ellet ole saanut omin sanoin kertoa,
mistä olet tulossa, minne olet menossa ja mitä kannat mukanasi.

(Martti Lindqvist)

Tämä kirja on omistettu tyttärilleni

Merjalle, Marjolle ja Miialle sekä lasteni lapsille.

Hannu Saarinen

Kauppias ja minä

© 2017 Hannu Saarinen
Kustantaja: BoD – Books on Demand, Helsinki
Valmistaja: BoD – Books on Demand, Nordersted, Saksa

ISBN: 978 -951 – 568 – 153 - 9

Lukijalle

"Elettiin vuosisatamme alkua, kun pälkäneläisen kauppiaan Anselm Saarisen mieleen juolahti ryhtyä eräitten kauppiastovereiden kanssa yhteistoimin hankkimaan hiivaa asiakkailleen.

Isoisäni Anselm Saarisen vaikutus suomalaiseen työväenliikkeeseen ja osuuskauppatoiminnan alkuvaiheisiin sekä K–kaupan syntyyn on jäänyt vähälle huomiolle. Ehkä hänen monivaiheinen elämänsä ja omaan aikaansa liittyvät vaiherikkaat tapahtumat ovat jättäneet hänet historian lehdillä syystä tai toisesta sivuosaan.

Paljon ehti vettä virrata Tammerkoskessa ja huomattavasti Anselm Saarinen saada aikaan ennen kuin huhtikuussa 1906 pidettiin Tampereella, Keskon vanhimman edeltäjän, Maakauppaitten Osuusyhtiön perustava kokous. Missä kaikessa katovuoden 1867 huhtikuun 19. päivä Kiikoisten Jaaran kylässä myllärin kolmanneksi pojaksi syntynyt Anselm ehti toimia, on mielenkiintoinen ja monivaiheinen tarina.

Oma elämäni on ollut varsin toisenlainen. Synnyin reilut kymmenen vuotta isoisäni Anselmin kuoleman jälkeen vuonna 1947 Helsingissä. Minut kastoi kirkkoherra, ehkä silloin vielä pastori, Voitto Viro. Kuulun niin kutsuttuihin suuriin ikäluokkiin. Vietin lapsuuteni Helsingin Käpylässä, joka tarjosi monia tapahtumia pienelle pojalle. Ei pelkästään se, että elettiin säännöstelyn aikaa, vaan myös Helsingin Olympialaiset ja Käpylän kisakylä sekä Helsingin monien eri kansallisuuksien lippurivistöt ovat varhaisia muistikuviani. Minusta ei tullut lapsuuden haaveitteni lentäjää, kauppiasta eikä huippu–urheilijaa, vaikka jonkin verran sitä tavoittelinkin.

5

Tämän kirjan sivuilla kuvaan selvitysmatkaani isoisäni tarinaan ja siinä ohessa kerron itsestäni. On myönnettävä, että ihmisen elämän tarkastelu ja tutkiminen vuosikymmenten jälkeen on vaikea tehtävä, mutta lähden siihen puuhaan luottavaisena. Selvityksen myötä otan mukaan myös pieniä tuokiokuvia siitä, miten tämä matkani menneisyyteen etenee sekä kuvaan joitakin muistojani omasta elämästäni, näin kirjan teemaksi muodostuu "Kauppias ja minä". Miksi kirjoitan tämän kirjan? Kirjoitanko tämän lapsilleni, jotka eivät ole Anselmista koskaan mitään kysyneet. Vai siksikö, että historian tapahtumat ja suvun juuret tulee olla tulevien sukupolvien tiedossa. En tiedä. Haluanko vain selvittää isoisäni Anselmin tekemiset? Ehkä toimin myös oman tarinani kirjoittajana. Kirjoittajana, joka haluaa laittaa oman elämänsä pienet palaset kohdalleen. Ehkäpä tämä onkin vain raportti siitä, miten eräänlaista sukututkimusta voi tehdä. Kenties tästä kirjoituksestani tulee samalla pieni muistutus siitä ajasta, jolloin ihmisten arvot sekä elämä kului varsin toisin kuin nyt 2000–luvulla.

Esitän kiitokseni niille lukuisille henkilöille, jotka ovat kukin omalla panoksellaan antaneet minulle apua tämä kirjan aikaansaamiseksi. Erityiskiitoksen saa avopuolisoni Ritva Nikulainen, jonka kannustus ja kommentit kirjan teon loppuvaiheessa olivat minulle tärkeitä. Ilman niitä tätä kirjaa ei olisi koskaan tullut painettua.

Tuusulassa kesällä 2017
Hannu Saarinen

1

En tiedä, mistä aloittaisin. Oman elämäni muisteleminen ei ole help-poa. Mietin ryhtyisinkö kirjoittamaan syntymästäni ja niistä muuta-mista kuukausista, jolloin asuimme Helsingin Kruununhaassa, Mau-rinkadulla vai peräti siitä muutaman vuoden ajanjaksosta, kun olim-me muuttaneet Punavuoreen, Albertinkadulle. Pääni on kuitenkin tyhjä niistä tapahtumista, enkä saa yhtään muistoa mieleeni. Minulle on kerrottu, että Albertinkadulla asuessamme, samassa talossa olisi asunut Hertta Kuusinen, joka oli aikansa johtavia kommunisteja Suomessa. Tiedon paikkansa pitävyydestä en ole varma.

Työpöytäni ääressä pohtiessani menneitä aikoja, ulkona alkaa sataa. Tunnin kuluttua sade laantuu. Avaan verannan oven ja astun ulos. Sateen jäljiltä ilma on raikasta hengittää. Kesä taitaa sittenkin tulla, ajattelen. Päivisin koululaiset kulkevat pihapiirimme poikki ja toisi-naan vastakkaisen kerrostalon lapset mekastavat vastapäisellä leikki-kentällä mutta nyt vietetään Hyvinkäällä viikonloppua. Ehkä huomi-sesta tulee lämmin päivä, ajattelen, vaikka harvoin maaliskuun lo-pussa saadaan nauttia hellepäivistä.

Minulle tulee tunne, että vastapäätä olevasta talosta joku katselee minua. En välitä siitä. Jos eivät ole nähneet ennen miestä alushou-suillaan, niin nyt sitten näkevät. Illan viileys tarttuu iholle ja lähden sisälle. Otan muutamat askeleet työhuoneeseeni. Annan katseeni kiertää ympäri pientä työhuonettani. Silmäilen seinille laittamiani lastenlapsieni valokuvia. Ikkunan puoleisella seinällä on kirjoitus-pöytäni. Istuudun pöydän ääreen ja avaan tietokoneeni. Mielijohtees-ta kirjoitan Googleen isoisäni nimen. Hetken kuluttua tieto iskee vasten kasvojani. Katson ruutua hämmästyneenä. Onko isoisäni ollut työväenliikkeen agitaattori?

"Karkussa keväällä 1900 pidetyssä työväenkokouksessa puhui peräti neljä Tampereen työväenyhdistyksen edustajaa: maalari Viktor Vesterlund, värjäri August Kukkola, kirjapainon omistaja Juho V. Hellberg ja kauppias Anselm Saarinen. Kaikki he kuuluivat suurlakkoa edeltävinä vuosina Tampereen työväenliikkeen kantaviin voimiin."

Tunnen, kuinka kämmeneni hikoavat, kun naputan tietokoneeni näppäimiä lisätietoa saadakseni mutta uutta tietoa en löydä. Vedän verhot syrjään ja avaan ikkunan saadakseni raitista ilmaa. Pilvet repeilevät ja sinistä taivasta alkaa häämöttää. Ambulanssi ajaa kauempana kohden mäen päällä sijaitsevaa sairaalaa.

Tiedän isoisästäni varsin vähän, sillä hän kuoli paljon ennen syntymääni. Sen verran olen perillä, että hän toimi 1900–luvun alussa Tampereella kauppiaana.

Jatkan tutkimista. Tällä kertaa nopeammin, ikään kuin silmäillen näyttöä, sillä ajatukseni saavat minut kiihtymään. Muuta mainintaa en Anselmista löydä. Väite tuntuu uskomattomalta, sillä joskus 1930–luvulla isoisäni omisti Helsingissä monta huoneistoa. Hän toimi kauppiaana ja liikemiehenä, mutta oliko hän ollut myös työväenliikkeen agitaattori?

– Asia ei jää tähän, mumisen itsekseni.

Kello lähestyy puoli yhdeksää, kun siirryn olohuoneeseemme katsomaan iltauutisia. Ritu astelee makuuhuoneestamme ja istuutuu viereeni. Hän on lukenut Laila Hietamiehen romaania. Häntä viehättivät kirjat, jotka kertovat 1930–luvun alun tapahtumista Karjalassa.

– Mitä teit? hän kysyy ja koskettaa kättäni. Eroni jälkeen olemme asuneet parisenkymmentä vuotta yhdessä.

– Netistä löysin väitteen isoisästäni. Joku tutkija väittää, että isoisäni olisi toiminut 1900–luvun alussa työväenliikkeen agitaattorina, sanon ehkä kovemmalla äänellä kuin tarkoitan.

– Entä sitten? Ritun ääni on rauhallinen.

– Olen nähnyt lehtikirjoituksia, joissa häntä pidetään K–kauppias numero ykkösenä.

Ritun ilme kertoo, ettei hän kuuntele minua, vaan keskittyy iltauutisiin. En seuraa uutisia vaan ajattelen, että isoisäni tekemiset minun tulee selvittää. Sisältyykö hänen tekoihin jotain salaperäistä, jotain, jota minulta on salattu? Ja vaikka kaikki asiat eivät minulle selviäsi, jotain uutta saan kuitenkin tietooni. Muistan kuinka isäni kuoli vaikeaan sairauteen vuonna 1988. Hänen kuolemansa koin raskaana. Vasta paljon myöhemmin ymmärsin, kuinka paljon asioita jäi häneltä kysymättä. Vaikka hänen kuolemastaan on pitkä aika, toisinaan kaiho nousee mieleeni. Ajoittain minusta tuntuu selittämättömältä, ettei isää ja äitiä enää ole, etteivät he istu martinlaaksolaisen vuokrakaksionsa keittiössä juomassa kahvia.

Mitä lopulta tiedän isästäni ja äidistäni sekä ihmisistä, joiden kanssa elän. Entä tunnenko lopulta itseänikään?

– Taidan mennä sänkyyn lukemaan, Ritun ääni palauttaa minut ajatuksistani nykyisyyteen. Hän nousee sohvalta.

– Katson vielä hetken aikaa ja tulen sitten, sanon samalla kun urheilu–uutiset alkavat.

Ennen nukahtamistani muistan valokuvat lapsuuskotimme piirongin päällä. Mustavalkoinen kuva jossa tiukkailmeinen, viiksekäs mies katsoo jonnekin kaukaisuuteen. Se on kuva isäni isästä Anselm Saarisesta.

Anselmin valokuvan vieressä on kuva hänen vaimostaan, mummostani Matildasta. Hänen lyhyt, tumma tukkansa on kammattu taakse ja pyöreät silmälasit reunustavat hänen silmiään. Hänen suunsa on tiukasti kiinni kuin kuvastaen hänen päättäväisyyttään. Mustaa pukua koristaa rintakoru, joka muodostuu neljästä ylioppilaslyyrasta.

2

Tutkimusmatkani aluksi minulle selviää, että Anselm Saarisen synnyinseutu Satakunnan Kiikoisissa sijaitseva Jaara on reilun kahden sadan asukkaan kylä, jonka lävitse virtaa Kiikoisjärvestä laskeva Jaaranjoki, joka muuttuu Kokemäen puolella Piilijoeksi ja laskee Kokemäen Sääksärveen. Kylässä on ollut asutusta jo kivikaudella. Yli–Jaaran alueelta on löytynyt esineistöä kivi– ja pronssikaudelta. Jaara tunnetaan käsityöläisten ja ammatinharjoittajien kylänä, joka on säilyttänyt kylämäisen asutuksen vanhoine puutaloineen.

Sinne Jaaran kylään oli aikanaan Anselmin isä Herman Matinpoika, talollisen poika Kiikan Haapaniemen Kokosta, siirtynyt mylläriksi lahkomyllyyn. Muistan isäni maininneen tämän Jaaran Taatan, Anselmin isän.

Anselm Saarinen syntyi Herman Myllärin ja Matilda Loviisa Juhantytär Kallon kolmantena lapsena 19.4.1867 Kiikkassa, Kiimajärven Horkon kylässä. Anselmin vanhemmat veljet ovat Herman Fabian ja Vilhelm Fredrik. Kastaminen tapahtui Alakiikosella Kiikoisten kappalaisen toimesta. Hänen kumminsa olivat Jaarankylän Lehtimäestä ja Yli–Jaarasta.

Anselmin syntymävuotena vallitsivat nälkävuodet. Talvet olivat kovia. Oli vain pyryä ja pakkasta. Toisinaan itätuuli puhalsi viikkoja yhtä mittaa. Kevät tuli myöhässä. Vielä toukokuussa Etelä–Suomessa järvet peittyivät jäähän ja pellot olivat paksujen lumikinosten alla. Kaikkia edellisiä vuosia täydellisempi kato koetteli maatamme. Sato ei riittänyt edes siemenviljaksi. Ja seuraava talvi tuli aikaisin. Syksyllä ihmisiä kuoli tuhansittain tauteihin, joille kaupunkeihin paenneet altistuivat. Leipää ei ollut kauppojen hyllyissä. Aika oli täynnä puutetta: vilua, nälkää ja kovaa pettuleipää.

Anselmin ollessa vajaan vuoden ikäinen nälänhätä oli suurimmillaan. Senaatti painatti jopa ohjeet jäkälän, sammalen, vehkanjuuren ja sienien valmistamisesta ravinnoksi. Tehtiin myös ohjelehtinen ruumenten käyttämisestä hätäruoan valmistamiseen. Ehkäpä Anselmin isällä oli laarin pohjalla joitakin jyviä, joiden joukkoon hän sai laitettua pettua.

Ajan hätäaputyöt osoittautuivat myös ongelmaksi; nälkiintyneiden ihmisten kerääntyessä paikkakunnille, lavantauti riehui niin, että Riihimäki–Pietari–rautatien rakentajista viidennes menehtyi vuoden kuluessa. Kuitenkin eräs syy Riihimäki–Pietari–junaradan rakennustöiden aloittamiselle olikin vähentää maassa jatkunutta pulaa ja nälänhätää. Kulkutaudit levisivät ahtaissa asunnoissa eri puolilta maata saapuneessa väestössä.

Syksyllä 1868 saatiin edellisvuosiin verrattuna parempi sato ja väestö alkaa elpyä.

Anselm kävi rippikoulunsa Kiikoisissa samanaikaisesti kahdeksantoista muun lapsen kanssa ja pääsi ensikerran Herran pyhälle ehtoolliselle 15–vuotiaana 24 päivänä kesäkuuta 1882 Kiikoisten kirkossa. Samana vuonna Herman Myllärin perheessä oli seitsemän lasta. Anselmin jälkeen syntyvät vielä Nestori, Amanda Maria, Felix ja Matilda Sofiia.

Pari vuotta rippikoulun päätymisen jälkeen Anselm lähti Poriin maalarin oppiin, sitten Mouhijärvelle, puolitoista markkaa taskussaan. Hän sai muuttokirjan Kiimajärveltä Mouhijärvelle 5.11.1888. Mouhijärvellä hänet merkittiin Hyynilään Iikkilään työmiehenä ja maalarina. Vuoden loppupuolella hänet kirjattiin Hahmajärven Irrille.

Vartuttuaan mieheksi Anselmi oli hiukan minua pidempi, ehkä 177. Hänellä oli harmaat silmät.

Vertaan Anselmin työuran alkua ensimmäiseen omaan työpaikkaani. Kun Anselmi aloittaa maalarina, minun ensimmäisenä työpaikkanani on Bembölen pieni kattotiilitehdas. Jos sitä yhden miehen yritystä voi tehtaaksi sanoa vaikka siellä erivärisiä kattotiiliä valmistuukin.

Eräänä kesänä, asuessamme Bembölessä, sekoitan tehtaassa sementtiin värejä. Näin tiilet saadaan erivärisiksi. Toisinaan kasaan tiilet niiden kuivuttua ja sormeni kuluvat ruvelle. Minkälaisia työvaiheita kuusitoistavuotiaana saan tehdä, mikä on työaikani, niistä minulla ei ole muistin häivää.

3

Olen elänyt aivan erilaisen lapsuuden kuin isoisäni tai erilaisen Suomen kuin 2000–luvun lapset. Voisin jakaa lapsieni lapsille elämänkokemukseni monista asioista. Miksi heillä ei ole halua kuunnella? Varmaan samaa pohtivat vanhempammekin. Tekevätkö lapset samat virheet kuin vanhempansa, vaikka nämä kuinka yrittävät varjella lapsiaan? Onko niin, että kunkin on löydettävä oman kokemuksensa kautta asioita, jotta oppisi ne. Kuinka monta kertaa kuulin lapsena "Älä keiku tuolilla, se voi kaatua". Varmaan yhtä monta kertaa sen olen sanonut lapsilleni ja heidän lapsille. Minulla on kokemusperäistä tietoa; kun kaatuu, se tuntuu kipeältä.

Minun lapsuuteni vaikuttaa toisen maailmansodan jälkeinen aika: ruokakupongit ja yleislakko, jolloin äitini kanssa haemme maitoa Koskelassa olevasta kaupasta, josta sitä silloin saa. Asumme Käpylässä. Siihen aikaan liittyy paljon tapahtumia; olympialaiset, myöhemmät matkat isäni kanssa olympiastadionille kastomaan urheilukilpailuja, kouluni alku Käpylän kansakoulun ensimmäisellä luokalla ja hyppyni hiihtosuksilla Käpylän hyppyrimäestä, kun pitää näyttää, etten pelkää siinä noin 22 metrin hyppyrimäessä. Nyt siitä mäestä on vain muistot jäljellä, kuten niistä suksistanikin.

Muistan ensimmäiset elokuvassa käyntini Kino Käpylässä ja sen jännityksen tunteen kun valot sammuvat ja pimeydestä elokuvakankaalle heijastuu suuri leijonan pää karjahduksineen. Muistan myös seikkailun, jonka kahden kaverini kanssa teemme Helsingin keskustaan ja kuinka lopulta pimeän tultua palaamme kotiimme. Sitä, en muista, mitä siitä reissusta seuraa.

Miksi en ottanut isäni kanssa puheeksi miten hän siihen aikaan sählää talousasiansa. Menikö hän takaamaan lainoja, jotka sitten kaatuivat hänen maksettavakseen, vai huijattiinko häntä muuten? Entä, mikä osuus alkoholilla oli tapahtumiin?

Todennäköisesti perheemme taloudelliset vaikeudet johtivat siihen, että Kalervonkadun asuntomme myytiin ja muutimme kesää viettämään Nuuksion Pitkäjärven rannalle. Sieltä isäni vuokrasi kesämökin. Mökki ei ollut kooltaan suuri ja siitä puuttuivat kaikki 2000–luvun mukavuudet. Oli huone meille neljälle lapselle ja isän ja äidin huone. Huoneiden välissä sijaitsi keittiötila, joka oli pieni, kuitenkin siinä äiti mahtui laittamaan päivittäisen ateriamme.

Keskellä pihaa kohosi lipputanko, johon nostimme merkkipäivinä Suomen lipun. Lipulla oli suuri merkitys isälleni.

– Jos lippu nostettaessa koskettaa maata, se on otettava pois käytöstä ja poltettava, isäni ohjeisti. Miten hän nyt suhtautuisi suomalaisiin urheilijoihin, jotka hyvin menneen kilpailun jälkeen kietoutuvat lippuun ja pyyhkivät sylkensä siihen?

Aika keskellä Nuuksion luontoa kului joutuin: kesä oli lämmin, järvessä oli mukava uida ja kalastaa, metsässä liikkua sekä naapurimökin poikien kanssa leikkiä.

Eräänä sateisena aamupäivänä olimme Nuuksion pitkäjärvellä ongella veljeni Anssin kanssa. Äkisti ongenkoho painui veden alle.

– Siellä on kala, hihkaisin innoissani ja aloin nostaa onkeani. Näin pienen pojan silmin ison lahnan roikkumassa koukussa. Juuri kun olin ottamassa sitä, se tipahti matalaan veteen ja minä hyppäsin empimättä vaatteet päälläni järveen ja sain kuin sainkin kalan napattua. Sitten ylpeinä marssimme mökille, minä likomärkänä. Ehkä lahna ei ollut kovin suuri, mutta kyllä se paistettiin ja syötiin.

Elokuun lopulla, syntymäpäivänäni heräsimme, kun pihamme poikki marssi sotilaita. Lähimaastossa on käynnissä sotaharjoitus.

"Sotilasparaati syntymäpäivänäni", minä hehkutan ajatuksella, kuin olisin joku kuuluisuus.

Nyt ajattelen, että siinä kesässä piili jotain sellaista, joka tuli vaikuttamaan elämäämme pitkään, eikä niinkään positiivisesti.

Syksy ja koulun alku lähenivät, mutta me asua jökötimme Nuuksion mökillä. Minulla on tunne, ettei vanhemmillani ollut tietoa, minne seuraavaksi muuttaisimme. Sen täytyi olla äidistäni varsin ahdistavaa, vaikka hän ei siitä koskaan myöhemmin minulle puhunut. Seuraavat vuodet menivät vielä vaikeammiksi. Hän vain alistui tilanteeseen. Sellaisia niin monet avioliitot siihen aikaan olivat. Ehkäpä äitini ajatteli samoin kuin Olavi Ingman: "Missä järjen on pakko vaieta, siinä sydämen on velvollisuus puhua."

Löydän muistini kätköistä vielä tapahtuman siitä vuodesta: Asuimme nyt Kauniaisissa tätini omistamasta omakotitalossa, jonka pihalle vievän portin pielessä seisoi kaksi porttikiveä. Ne olivat kuin kaksi suurta kilometripylvästä elämäni maantien varrella. En Tarkalleen muista, missä se talo sijaitsi, siinä se oli Vanhan Turuntien ja Sailonkujan risteyksen lähellä. Muutimme siihen Nuuksion kesämökistä syyskuussa koulujen jo alettua. Aloitin siis kansakoulun kolmannen luokan myöhemmin kuin muut oppilaat.

Mieleeni palautuu tapahtuma, kun eräänä päivänä tulin koulusta ja nousin portaat talon toiseen kerrokseen. Minulla oli jano. Join litran maitoa yhdeltä seisomalta. Toisinaan tämä tilanne nousee mieleeni, kun otan maitotölkin jääkaapista. Oliko niin, että kaikki maitomme oli siinä astiassa vai onko vain niin, että itsekin hämmästyin, kuinka jaksoin niin paljon juoda kerralla?

Tarkalleen en muista kuinka kauan asuimme Kauniaisissa. Ehkä vietimme siellä vain muutaman kuukauden. En myös saa mieleeni muuttoamme Pirkkolan Kaskitiellä sijaitsevaan rintamiestaloon. Edessäni oli jälleen sopeutuminen uusiin olosuhteisiin.

Jonnekin tajunnan takanurkkaan olen tallentanut tiedon, että sen Kaskitien talon silloin olisi omistanut maaherra Väinö Meltti. Se muistikuva tuntuu varsin epäluotettavalta, sillä Meltti oli: *"marxilainen demokraatti päämääränä sosialistinen yhteiskunta"*. Olisiko isäni vuokrannut talon vasemmistolaiselta? Meltin nimi kummittelee päässäni.

Se talo sijaitsi ihan tien reunassa. Tontti rajautui tiukasti naapureihin. Eteisestä vasemmalle, minulla oli oma huone, jossa sijaitsi kytkin, jolla pystyi puhelimen kytkemään huoneesta toiseen. Rakennuksen kellarissa oli sauna. Miten ja koska astelin ensikertaa Pirkkolasta Maunulan kansakoulun pihalle. Sitä en muista. Tämä uuteen kouluun kulkeminen jälleen uudessa asuinpaikassa ilman ainuttakaan tuttua koulukaveria ja ennen kaikkea ketään, jolta voin saada apua, oli aikamoinen koettelemus minun ikäiselle pojalle.

Kaskitien päästä kun kääntyy oikealle ja laskeutuu Pirjontietä alaspäin, tien alittaa oja, "mätäoja". Se oli keväisin vuolas. Sinä keväänä ojaan hukkui pieni lapsi. Sen jälkeen aikuiset varoittivat meitä menemästä ojan lähelle. Samanikäisiä lapsia asui lähistöllä. Leikkimme muodostuivat kuin itsestään. Eräänä päivänä kävimme kaverieni kanssa varastamassa lautoja läheiseltä rakennustyömaalta. Rakensimme niistä lähimetsään majantapaisen.

– Mennään majalle ja juodaan "tsaikkaa", joku kavereistani ehdotti myöhemmin. Minä kieltäydyin, sillä luulin, että "tsaikka" on jonkinlaista alkoholijuomaa. Minua alkoholi jo sanana inhotti.

Jostain syystä tuo Pirkkolassa asumamme aika aukeaa mieleni kuviin pieninä kesäisinä tapahtumina aivan kuin talvea ei siellä olisi ollut. Ainoastaan pieni hetki jouluaattona, kun kaupungin jo hiljennyttyä ja lumihiutaleiden leijuessa, seisomme veljeni Anssin kanssa Kaskitien ja Pirkkolantien kulmauksessa ja kulutamme aikaa ennen "joulupukin" tuloa.

Keväällä koitti Helsingin koulujen väliset maastojuoksukilpailut, jotka pidettiin Helsingin RavIradan maastossa. Minut valittiin edustamaan Maunulan koulua. Opettaja, joka ei ilmeisesti tiennyt kovinkaan hyvin urheiluvalmennuksesta, antoi ohjeita:

– Lisätkää vauhtia siinä vaiheessa, kun vastustajasta tuntuu pahalta, hän sanoi ja katsoi meihin. Sitten hän jatkoi, kuin suuren salaisuuden paljastaen:

– Mistä tietää, että vastustajasta tuntuu pahalta? No siitä, kun itsestäkin tuntuu siltä.

Yritin noudattaa ohjetta, mutta sillä neuvolla en vain pärjännyt niissä kisoissa. Tämä kilpailu tulee usein mieleeni, eivät niinkään kilpailun yksityiskohdat ja menestymättömyys, vaan opettajan "ohje", joka näin jälkeenpäin ajateltuna ei ollut kovin nerokas.

Näistä vähäisistä muistin siruista koostuu Pirkkolan elämämme, joka kestää oman aikansa, kunnes muutamme Huopalahden aseman lähelle Haagan pappilan tielle. Asunto on kerrostalon kolmio, joka sijaitsi ensimmäisessä kerroksessa niin, että parvekkeelta voi hypätä ulos. Parvekkeen edustalle rakensimme lumilinnan, jonka joku poikajoukko kävi tuhoamassa.

Huopalahden monet tapahtumat, joita en ymmärrä, jäytävät niin minun kuin sisaruksieni mieltä. Ne ovat pysyneet muistissani yli viisikymmentä vuotta ja ajatteluttavat edelleen: mitä äidin ja isän välillä silloin tapahtui, mikä sai isän olemaan poissa kotoa pitkään. Ei se yksistään sitä ole, että hän oli kauppaedustaja, joka joutui työmatkoillaan kiertämään ympäri Suomea. Monia vastaamattomia kysymyksiä liittyy juuri siihen aikaan. Tuskin koskaan saan niihin oikeaa vastausta.

Silloin en myöskään tiennyt, että jälleen uuden muuton vaara varjosti elämäämme.

Kävin Maunulassa koulua ja kuljin Keskuspuiston poikki kohti Huopalahtea. Pellon laidalla aistin kirpeän tuoksun ja siitä muodostui minulle voimakas tunne, että isäni tulee jälleen alkoholille haisevana kotiin.

En muista, käynkö myös Huopalahdessa koulua. Tämä tuntuu surulliselta ja tuo aikakin elämässäni oli sitä. Onko niin, että nyt vasta rohkenen palata siihen aikaan ajatuksissani? Miksi muistoni takertuvat jonnekin piilopaikkaan? Ne hukkuvat pimentoon kuin sitä aikaa ei olisi elämässäni ollut. Saan mieleeni vain pieniä kuvia matkasta junaradan alikulkutunnelin kautta, luistelusta urheilukentällä, isosta puuliikkeestä radan varressa, jossa työmiehet pilkkoivat koneellisesti polttopuita sekä jostain riidasta, joka käytiin äitini ja enoni välillä.

Tuli jälleen eräs joulu. Se aika ei halua tulla kerrotuksi. Olimmehan joutuneet jälleen muuttamaan. Tällä kertaa siihen liittyy jotain sellaista, jonka haluaisin itsekin tietää. Se joulu oli surullinen. Kun myöhemmin katson lastenlapsieni joulun viettoa runsaine lahjoineen ja heidän tunnetta, ettei lahjoja ole riittävästi, se ahdistaa minua. Tietävätkö he, että joulu voi olla myös toisenlainen. Sukulaiset, joiden luona olimme kuuluvat äitini sukuun. Majoitumme heidän luonaan. En tiedä, missä isämme silloin oli. Oliko äiti saanut tarpeekseen ja pakannut meidät lapset mukaansa ja lähtenyt "evakkoon"? Vai oliko niin, että vuokrasopimuksemme oli purettu? Varmaa on, että isän ja äidin avioliitto on katkolla.

Jouluaattoiltana kävelin sukulaispojan kanssa heidän talon viereisellä kalliolla. Heidän omakotitalo sijaitsi lähellä Huopalahden rautatieasemaa, olihan hänen isänsä rautateillä töissä. Pieni pakkanen väreili ilmassa ja lunta satoi hiljalleen.

– Mistä laulusta sinä pidät? sukulaispoika kysyi. Olin hetken vaiti ennen kuin vastasin.

– En etsi valtaa loistoa, sanon, sillä omat tuntemukseni olivat voimakkaasti pinnalla. Ehkäpä juuri laulun sanat: "ja rauhaa päälle maan", koskettivat sillä hetkellä tuntoani. Olimmehan muutamia päiviä aikaisemmin lähteneet Haagan Pappilantien asunnosta ja asustimme nyt heidän omakotitalossaan, tietämättä tarkkaan tulevaisuuttamme. Usein kun kuulen tuon edellä mainitun virren, minulle palautuu tämä jouluaatto mieleeni.

Äitimme ja hänen sukulaisensa olivat sinä jouluna meidän turvamme. Ei äiti koskaan myöhemmin puhunut, mitä silloin tapahtui. Miksi? Luulen, että se oli niin raskas kokemus, ettei hänkään halunnut sitä muistaa.

Kun nyt muistelen tätä aikaamme, ymmärrän, kuinka moninaista lapsuutta vietin. Tapahtumia ja muuttoja paikasta toiseen niin nopeassa tahdissa, ettei pieni pääni ehtinyt tallentaa kaikkea. Ehkä en halunnut, mutta minun oli pakko sopeutua muutoksiin toinen toisensa jälkeen. Niin varmaan myös sisareni Kaisan ja veljieni Anssin ja Pekan elämään tämä silloinen asunnosta toiseen muuttaminen vaikutti, eikä varmaan aina hyvällä, opimmehan mukautumaan.

Onneksi lapsi ei tiedä tulevaisuuttaan. On arki ja arkipäivän leikit ja se, että voi vain elää päivän kerrallaan.

Kirjoittaessani näistä ajoista, ajattelen, etten voi muuttaa tapahtuneita asioita, mutta joka päivä minulla on tarjolla mahdollisuus muuttaa omaa suhtautumistani niihin.

"Muistot asuvat eväskoreissa, kävelyretkissä, päivänokosissa, hymyssä, naurussa, ilon kyynelissä, tavallisissa päivissä, pienissä hyvissä hetkissä". Niin lukee huoneeni ilmoitustaululla olevassa kortissa, jonka olen saanut Ritulta.

Mitä sitten ovat muistot? Ovatko ne todella vain pieniä hetkiä, kuin leivän murusia elämän varrelta. Muodostuuko tämän aamupäivän Oulunkylässä pidetystä luistelukilpailusta, jossa kisasin kymmenen kilometriä, muistoja, joita vielä vuosien päästä ajattelen? Tuskinpa. Miksi en nauti niistä pienistä hetkistä, vaikka siitä, että lähden tänään lastenlapsieni kanssa uimaan. En ehkä sitä muista vuoden päästä, ehkä eivät lapsetkaan, mutta onhan se yhteinen hetki, jolloin eri sukupolvet kohtaavat. Näitä kohtaamisia vain on turhan harvoin.

4

Olin saanut selville, että Mouhijärvellä Anselm kaipaa kotikonnuilleen, sillä elämä vieraissa ei ole mitenkään helppoa. Hän kirjoittaa maaliskuussa 1893 kotiinsa kirjeen.

Rakkaat Wanhenpani Weljeni ja Sisareni! Tässä illan hiljaisuudessa yksin istun ja lämmittelen pesävalkian edessä, niin ajatuksissani olin olevinani siellä Teidän kanssanne, vaan koska en olekaan siellä niin tartun kynääni ja piirrän Teitille muutaman rivin. Vaan ensin lasken paljon terveisiä ja minä voin hyvin ja olen ollut terve, Herran kiitos. Jota samaa toivon Teitillekin Koto väjet! Ensiksi sanon sydämelliset kiitokset siitä kirjeestä jonka sain vasta eilen vastaan ottaa. Oli tullut postissa sekaannus. Posti oli vienyt sen kirjeen Ollarille enkä tiennyt sieltä hakea. Ei niiden sukkien ole ollut kiiru. Kyllä minulla on ollut sukkia, niillä aikaan olen tullut. Iikilän Malakias myi talonsa, sai 450 markka enemmän kuin itse maksoi. Rahan puutetta täällä valittaa joka ainoa eritoten työ kansa kun ei ole ollut sanottavasti minkäänlaisia raha töitä ja paljon on menoja. Ei minulla sentään mitään erin raha puutetta ole ollut.

Myllyt täällä ovat koko talven olle käymätä, ettei ole käynyt muut kun Laadun Höyrymylly. Toisten on täytyny käydä Siurossa, toiset ovat käyny Kyröskoskella. Meillä kävi kuolema viimes yönä, kuoli vanha Maija. Minä ja isäntä teimme sille arkun tänäpänä.

Kyllä minäkin tairan tulla teitiä kattomaan enne kun rekikeli loppuu vaan en tiedä vielä koska. Ei nyt muuta tällä kertaa vaan voikaa hyvin ja jääkää Herran haltuun, toivoo poissa olevainen Anshelm.

Mouhijärvellä Anselm tapasi tulevan vaimonsa Matilda Metsäsen, joka oli seitsenlapsisen perheen vanhin lapsi. Seurustelun alkuvaiheessa neitonen ilmoitti, ettei mene naimisiin miehen kanssa, joka käyttää viinaksia. Siitä vaatimuksesta muodostui Anselmille tiukka paikka. Hän meni raittiusseuran kokoukseen, ja silloiseen tapaan, teki julkisesti raittiuslupauksen. Sen jälkeen hän ei lasiin koskenut eikä heillä myöhemmin kotona tarjottu alkoholijuomia. Anselmista tuli raittiusaatteen kannattaja. Hänen luonnettaan kuvaa myös se, että hän päätti lopettaa myös tupakan polton; sitoi piipun ja tupakkamassin naruun sekä ripusti ne kattoon. Siihen päättyi tupakoiminen. Ehkä Anselmin ja Matildan päättäväisyys on perua siitä, että he kokivat kovan nuoruuden. Nälkävuosien aikana Matildan äidin kotitalo Junttu jouduttiin maksuvaikeuksien takia myymään mitättömästä summasta.

Matildan veli muisteli vuosikymmeniä myöhemmin heidän lapsuuttaan:

"Kun Aksel Malakias ilmestyi äidin elämään, alettiin suunnitella avioliittoa. Vihkimisen jälkeen rovasti antoi Raamatun Pyhiä lupauksia evääksi yhteiselle matkalle. Kyllä he niitä tarvitsivatkin, ei siinä ankarassa elämän myrskyssä muuten olisi pinnalla pysynytkään.

Parin vuoden kuluttua haikara toi Töllinmäellä lennellessään tytön, joka nimitettiin Matilda Vilhelmiinaksi. Sen jälkeen haikara kävi parin vuoden välein pikkupirtissä. Pienin sai aina olla äidin ja isän välissä, eikä hän muuten olisi tarjennutkaan. Isompi lapsi joutui aina vuorostaan lattialle, kunnes seitsemän lasta oli pikkupirtissä. Ei olisi enää äidillä aamulla ollut jalallensa sijaa, jos vielä yksikin peti olisi pitänyt löytyä. Lapsille annettiin muille kaksi nimeä paitsi kahdelle nuoremmalle Otolle ja Johannekselle ainoastaan yksi.

Tuntuu käsittämättömältä miten niin vähät neliöt riitti yhdeksän–henkiselle perheelle. Huonekaluja oli vanhempien tolppasänky, jossa nuorimmainen nukkui kolmantena. Sängyssä muuten oli lyhde tai kaksi rohdinlakanan alla. Sitten oli huonekaluja ainoastaan pari penkin pätkää ja kulmakaappi sekä Isän seinäkaappi, jossa hän säilytti partaveitsensä ja teräaseensa sekä lääkkeensä.

Isä sairasteli. Hän oli hyvin terveen hyväkuntoisen näköinen, mutta liiallinen raadanta ei antanut aikaa sairastaa. Hän oli met-

sänostajalla töissä. *Hän leimasi, laski vahvuuden ja teki muuta sen alan hommaa. Siellä metsässä olisi ollut hyvin halvalla saatavissa lumen alle jääneitä puita, joista olisi voinut rakentaa asuntoa lisää, mutta äiti tykkäsi, että Pikkupirtti oli riittävä ja niin se jäi. Isällä oli monta työtä. Hän oli suntiona Mouhijärven seurakunnassa. Samalla hän hoiti kellonsoittajan ja hauturin hommat. Isän terveys alkoi horjua ja hän turvautui ns Tyrvään Mantaankin, mutta ei saanut tältä kansanparantajaltakaan apua.*

Äidillä oli lehmä, kuten muillakin Töllinmäen emännillä. Sillä oli laidun metsässä ja järvikortetta sille leikattiin lisäksi. Maan vuokraamisesta piti maksaa työllä. Esimerkiksi lehmän metsässä laiduntamisesta ja metsästä polttopuiden ottamisesta jäi taloon 10 miehen työpäivää velkaa. Jos velan maksoi nainen tai lapset, niin siitä piti sopia erikseen. Töllinmäellä oli kymmenkunta mökkiä ja jokaisessa oli paljon lapsia sekä lehmänkanttura maitoa antamassa.

Puute oli ylimmillään joka mökissä, mutta ei silloin purnattu eikä saatu mitään avustuksia. Jokainen tuli toimeen miten taisi. Niin sitä mentiin päivä kerrassaan eikä vahingossakaan kahta kerralla.

Kun äiti oli nurkkauunissa kolmijalalla keittänyt ruuan, hän antoi isälle. Sitten saivat lapset, viimeksi söi hän itse, jos jotain jäi jäljelle. Äidillä oli usein pää kipeänä ja me lapset sitä hieroimme, kunnes tuntui helpommalta. Johtui varmaan se päänsärky osittain vaikeista keittomahdollisuuksista, kun koko perheelle ja vielä lehmällekin piti siinä nurkkauunin hiilillä keittää. Nokista ja kuumaa hommaa se oli. Oli vielä vaikeus saada ruokaa riittävästi. Mutta tyytyväinen Äiti oli mökkiinsä ja elämäänsä aina.

Esimerkkinä sen ajan rahan arvostuksesta ja ajan arvosta voin kertoa isästä, kun hän vei Tampereen torille vaivalla ja kovalla säästämisellä kerätyt voikilot, niin hän meni jalkaisin. Eikä se 50 km matka ollut äidillekään mikään rasitus, kun hän myöhemmin tarpoi Tampereelle mattonippu edessä ja toinen takana olkapäällä riippuen. Ensi kerran hän lepäsi Siurolassa ja söi vähän evästä. Missäpä sitä helpommin säästää kuin junalipun hinnassa, hän tuumi patikoidessaan.

Vesi oli haettava kilometrin päästä lähteestä, jossa oli kyllä hyvä vesi. Lähempäni oli Kurulla ja Karisella kaivot, mutta niistä sai ottaa vain ruokavettä ja varsinkin Karisen kaivo kuivui talvella kokonaan. Heinät haettiin parin kilometrin matkan päästä isän tekemällä ns. selkäkopalla, jossa oli vitsaksesta tehty korvat. Lehmällä oli pieni koppero ja heinillä toinen. Karisella sai joskus kylpeä samoin Kurulla. Molempiin oli aikamoinen matka talvella, kun sinne piti kipaista pitkä paita päällä paljain jaloin aitojen yli ja polkuja pitkin. Henkäisi onnesta kun juostuaan, minkä käpälistä pääsi, saunaan ja pääsi kuumalle lauteelle lämpimään. Ihmeellistä vaan oli, ettei niissä alkeellisissa oloissa sairastettu kuumetta tai muutakaan tautia, vaan lapsista kasvoi voimakkaita ja terveitä yksilöitä."

Maalari Anselm Saarinen Hahmajärveltä ja työmiehen tytär Matilda Vilhelmina Akselintytär Metsänen (2.5.1870 Mouhijärvi) Mustianojalta, vihittiin heinäkuun 19. päivänä 1893 Mouhijärvellä. Nuoripari rippikirjassa merkittiin aluksi Hahmajärven Irrille, jo saman vuoden lopussa he muuttivat Mustianojan Nutulle. Täällä syntyi huhtikuussa tytär Katri Matilta.

Katri kastettaan Tampereella, sillä maalari Anselm Saarinen, vaimo ja lapsi saivat 30.12.1894 muuttokirjat Mouhijärveltä Tampereelle. Ja heti tammikuun alussa muuttokirja vietiin Tampereen Tuomiokirkkoseurakuntaan.

5

Junamatkalla Hyvinkäältä Helsinkiin ajattelen isoisääni ja sitä selvittämisprosessia, jota olen hänestä tekemässä. Olenko ottanut mahdottoman urakan sillä Anselmin kuolemasta on liki kahdeksankymmentä vuotta. Nojaan selkäni tiukemmin junan penkkiä vasten ja yritän rentoutua. Isäni ja hänen kuusi sisarustaan ja kaikki jotka tunsivat Anselmi–isoisäni, ovat kuolleet. Niin se vai menee, kun aikaa kuluu tarpeeksi, ihminen häviää, kuin häntä ei ikinä olisi ollut olemassa. Onko se kaiken tarkoitus? Ihminen syntyy, kulkee oman taipaleensa ja häipyy harmaaseen tuntemattomaan. Siristän silmiäni ja katson ohi kiitävää maisemaa. Ihmisen elämään vaikuttavat monet asiat. Yksistään se sattuuko olemaan oikeassa paikassa väärään tai oikeaan aikaan. Eräänä päivänä satuin avaamaan suuni oikeaan aikaan.

– Olen tutkimassa isoisäni tekemisiä. En oikein tiedä, miten etenisin? Mistä saan hänestä tietoa? Mitä hänelle sata vuotta sitten tapahtui? Katson apua pyytäen Seppoa, joka työskentelee työpaikkamme arkiston kimpussa. Tiesin, että hän tutki myös omaa sukuaan ja selvitteli sotiemme kaatuneita johonkin omaan projektiinsa.

– Monenlaista tietoa löytyy Valtionarkistosta, netistä ja Helsingin kaupungin arkistosta, aloita niistä, hän ehdottaa.

Onko sattumaa, että Seppo seisoi juuri sillä hetkellä ison kahvimukinsa kansa siinä sotkuisessa, pienessä työpaikkamme kahvihuoneessa, jonka tiskialtaan täyttää likaiset kupit. Vai onko niin, että joku korkeampi voima johdattelee asioita? Ovatko ihmisen elämän vaiheet ennalta määrättyjä, kuten joidenkin maiden vaalitulokset? Tuskin. Varmaan myös me omilla valinnoillamme ja päätöksillämme vaikutamme siihen, mitä meille tapahtuu.

Sepon neuvosta olen matkalla Helsingin Kaupunginarkistoon. Mikä vimma ajaa minua selvittämään menneitä tapahtumia? Paljon helpommalla pääsen, jos jäisin kotisohvalle. Tunnen, että minun on vain selvitettävä, minkälainen mies oli Anselm ja kuka minä olen. Minun pitää saada tietooni, mitä tapahtui paljon ennen syntymääni. Haluan löytää minkä tahansa pienen tiedonpalasen, jos vain sellaisia on enää olemassa.

Nojaan mietteliäänä junan ikkunaan. Entä jos sellaisia en löydä. Tietysti sellainen mahdollisuus on olemassa, vaikka en siihen vielä usko. Elämämme muodostuu pienistä tapahtumista kuin puroista, joista aikaa myöten syntyy leveä virta, joka lopulta päättyy suureen mereen. Nyt nämä purot on vain löydettävä.

Uskon, että jonain päivänä, selvitettyäni lukuisat arkistot, luettuani kymmenet historiikit ja kirjoitettuani kaiken löytämäni, istun tyytyväisenä selvitys kädessäni. Voin sanoa, minä tein sen.

Juna ohittaa Eläintarhan urheilukentän, jossa joskus vuosikymmeniä sitten juoksin kilpaa. Kentän laidalla jököttää puinen pukukoppi, jonka hien tuoksu palautuu mieleeni.

Muistan, kuinka istuin pukuhuoneen penkillä ja jännitys kihelmöi kehossani solmiessani piikkareitteni nauhoja. Mieleeni palautuu, kuinka takakaarteessa hengitys tuntui salpaantuvan ja maitohapot polttivat jaloissani kaartaessani lopulta maalisuoralle.

Kaikki ne tuhannet juoksu– ja hiihtokilometrit, joita harjoitellessani olen tehnyt, ovat omia valintojani. Onko kuitenkin niin, että jokin minua paljon suurempi voima päätti, ettei minusta tullut huippu–urheilijaa. Monesti juoksin räntäsateessa, kylmän viiman piiskatessa kasvojani ja jääpuikkojen roikkuessa pipostani. Usein palasin kotiin niin väsyneenä, etten muuta jaksanut sinä päivänä tehdä. Kestävyysjuoksijan täytyy kestää väsymystä ja väsynyt minä olin, liiankin kanssa.

Kesällä kentällä juoksu tuntui varsin vastentahtoiselta ja aikaa myöten molemmat akillesjänteeni jouduttiin leikkaamaan. Olivatko ne kaikki hikipisarat olleet täysin hyödyttömiä? Ei se sitä ole, ei sinne päinkään. Urheilu antaa paljon, mutta myös vaati paljon hikeä ja jopa kyyneliä. Harjoituspäiväkirjaani minulla oli tapana tehdä tarkat merkinnät. Nyt tajuan, etten aina tulkinnut niitä oikein. Toista tilaisuutta minulle ei enää tule. Kuitenkin tiedän, mihin kaikkeen pystyn ja mitä olen saanut aikaan.

Nyt istuessani paikallisjunassa kymmeniä vuosia vanhempana oivallan, ehkäpä menestymättömyyteeni liittyy perintötekijöihini, minulta puuttuvat kestävyysjuoksijalle ominaiset lihassolut ja korkea hapenottokyky. Joidenkin urheilijoiden geeneihin luodaan sellaiset lähtökohdat, joilla pärjätään. Huippu–urheilijat syntyvät urheilua ajatellen onnellisten tähtien alla. Ja ilman lahjakkuutta, vaikka kuinka harjoittelee, menestyminen huipulle ei onnistu.

Puolustelen itseäni sillä, että ihminen, joka yrittää ja epäonnistuu, on joka suhteessa onnellisempi, kuin sellainen, joka ei koskaan yritä mitään ja onnistuu siinä erinomaisen hyvin.

Helsinki herää talven horroksesta ja auringon säteet heijastuvat Kansallisteatterin ikkunoista. Ilmassa leijuu lupaus kesästä. Pienet vesilätäköt näyttäytyvät muistoina menneestä talvesta. Yritän olla kastelematta niissä kenkiäni.

Kaisaniemen puiston hiekkatien varrella lojuu jokunen tyhjä kaljatölkki. Aistin mullan tuoksun ja lokkien, jotka kuuluvat oleellisesti Helsinkiin, kirkuna tuo häivähdyksen lapsuuden muistoista ja kauppatorista. Pysähdyn katsomaan yksinäistä lokkia, joka kaartelee puiston yllä ja ajattelen, mikä on minun ja isoisäni tarkoitus tässä elämän ja ajan suuressa virrassa? Löydänkö siihen vastauksen Helsingin kaupungin arkistojen kätköistä vai tarvitaanko siihen suurempia tietolähteitä. Elämä muodostuu sattumien sarjasta, jossa kuitenkin jonkinlainen logiikka ja johdatus vievät sitä eteenpäin. Onko sattumaa tai ei, enemmän kuin mitään muuta haluan olla se, joka kertoo isoisäni tarinan myllärin pojasta helsinkiläiseksi liikemieheksi.

Katson puiston hiekkakenttää ja muistan, kuinka kauan sitten juoksin Kaisaniemen 25 kilometrin mittaista juoksukisaa. Silloin 1970–luvulla suomalainen kestävyysjuoksu nousi unohduksen yöstä vaipuakseen jälleen parinkymmenen vuoden jälkeen omaan ruususen uneensa. Suomen Urheiluliitossa ei uskottu, että maastamme löytyisi uusia vasaloita, vireneitä tai nurmia. Itse uskon, ettei suomalainen perimä muutamassa kymmenessä vuodessa ole muuttunut, mutta suomalaislasten liikuntatottumuksissa on tapahtunut huolestuttavaa vähenemistä.

Raitiovaunu kolistelee kohden Liisankatua. Niitä on liikkunut Helsingissä yli sata vuotta. Anselmin eläessä kaduilla kopistelivat hevosten vetämät rattaat, vossikat. Hevosen lannan löyhkän sijaan tunnen vain pakokaasujen hajun. Edessäni kohoaa Kallio työläisten kaupunginosa. Kauempana mäen päällä häämöttää 1900–luvun alkuvuosina rakennettu harmaa-graniittinen Kallion kirkko. Pitkäsillan jälkeen oikealla puolella sijaitsee Metallitalo. Ennen armeija–aikaani työskentelin hetken Metallitalon rakennustyömaalla asentamassa sisäkattoja. Se on aikaa jolloin rakennustyömailla ei paljon muun maalaisia näy ja jokaisen, joka työmaalla työskentelee, tulee liittyä Rakennustyöväen liittoon.

Helsingin kaupungin arkistotilat löytyvät helposti Ympyrätalon takaa. Siirryn arkistohuoneeseen, ei mitenkään pieneen eikä suureen, jonka arkistokaappeihin on varastoitu suuret määrät mikrofilmejä. Niissä on tietoa helsinkiläisten muuttamisesta talosta ja asunnosta toiseen. Onko elämän tarkoitus tulla vain asuinpaikkojen myötä tallennettua mikrofilmille, ajattelen samalla kun löydän rullan, jossa on tietoa suvustani. Laitan rullan koneeseen ja kelaan jännittyneenä. Saan selville, että Anselm on muuttanut Tampereelta Helsinkiin toukokuun 18. päivä 1920 Fransenkatu 3. neljänteen kerrokseen Eemeli Allanin luokse. Kuka oli Eemeli Allan? Miksi juuri hänen luokseen? Kysymyksiä vilisee päässäni kuin lottokoneen pallot arvontakoneessa.

Minulle selviää myös, että alkuun Anselmi muutti usein asunnosta toiseen. Saman vuoden elokuun puolessa välissä Maurinkatu 4 A 6:teen. Seuraavan vuonna muuttoja tuli syykuussa Pitkänsillanranta 17 C:hen ja lokakuun lopulla Kasarminkatu 14 B 17, jossa asui kunnes muutti seuraavan vuoden kesäkuun puolessa välissä takaisin Maurinkadulle, nyt A9:ään.

Maassamme elettiin silloin nousukautta ja jälleenrakentamisen aikaa. Takana olivat itsenäistyminen ja sisällissota. Tekikö Anselm asuntojen osalta kauppaa vai hakiko hän vain oikeaa paikkaa Helsingissä? Varmaankin hänen toimintaansa liittyi se, että Helsinki otti suurkaupungin roolia ja kasvoi. Kaupungissa suunnattiin voimakkaasti kohti tulevaisuutta. Myös työväen asunto–olot parantuivat. Kallion uusiin rakennuksiin tuli sisävessoja, Vallilaan pystytettiin taloja ja Käpylään syntyi työväestön oma kaupunginosa. Se antoi myös Anselmille tilaisuuden ansaita.

Kävelen ulos auringonpaisteeseen ja mietin, mitä tietoa sitten löysin? Osoitteita, mutta en mitään, joka valaisisi Anselmin luonnetta ja sitä, miksi hän muutti Helsinkiin ja miksi hän pienen ajan sisään vaihtoi asuntoaan useaan eri kertaan. Kuka oli Eemeli Allan, ja miksi juuri hänen luokseen Anselmi oli ensimmäiseksi muuttanut? Siitäkin tulen vielä joskus ottamaan selvää.
Avaan Hakaniemen torin laidalla olevan Mac Donalds'in oven ja astun sisälle pikaravintolaan. Tilaan hampurilaisaterian nuorelta tytöltä. Istuudun nurkkapöytään. Mutustellessani turhan suolaisia ranskalaisia perunoita katson Hakaniemen toria, joka täyttyy värikkäistä myyntikojuista ja ihmisvilinästä. Kolme turkkilaista naista, mustat huivit päidensä peittona, odottavat linja–autoa ja ikkunan viereisessä pöydässä kaksi humalaista miestä örveltää kovaäänisesti. Lyhempi käärii krapulaisin, vapisevin käsin sätkää. Toivottavasti ei vain laittaisi sätkäänsä palamaan, ajattelen.

Torin yli satavuotiaaseen historiaan liittyy läheisesti työväenliikkeen historia. Isoisäni elinaikaan torilla toimi räätälinliikkeitä sekä vaate– ja kangaskauppoja. Nyt se näyttäytyy kuin Suomi pienoiskoossa; torimyyjiä, työttömiä, virkamiehiä, ulkomaalasia ja juoppoja. Torilta on lähtenyt liikkeelle monet työväen vappumarssit ja mielenosoitukset. Viimeiset marssit ovat vain olleet paljon hengettömämpiä kuin heti sotien jälkeiset.

Syötyäni suuntaan kulkuni Työväen arkistoon ja paluumatkalla Hyvinkäälle luen junassa arkistosta lainaamaani Tampereen Työväen Yhdistyksen historiakirjaa. Kävellessäni Hyvinkään asemalta kohden kotia, tyttäreni Merja soittaa ja pyytää vanhimman lapsensa syntymäpäiville. Lupaan mennä. En kerro, että jalkani ovat kipeät enkä sitä, että olin hakemassa tietoa isoisästäni. Miksi en kerro? Se on hyvä kysymys. Entä mitä tyttäreni lopulta tietävät minusta ja ajatuksistani? Nyt minä puolestani tiedän, että Anselmi kävi vain kiertokoulun ja sillä opilla pärjäsi elämässään taloudellisesti hyvin.

Kaivelen muististani nuoruuteni kouluja mutta tunne, joka ensimmäisenä tulee mieleeni, on pettymys. Miksi muutamme niin usein ja minun piti vaihtaa koulua sekä hakea aina uudessa koulussa omaa paikkaani. Se ei aina ollut helppoa. En muista tarkkaan, kuinka katkeroitunut olin, kun Etelä–Kaarelaan muuttaessamme vuonna 1958, en päässyt syksyllä keskikouluun vaan edessäni oli kansakoululinja. Kauppiasta minusta ei sitten tullut, vaikka kansalaiskouluun lähdin muista pojista poiketen liikelinjalle. Kansalaiskoulun jälkeen hain kauppakouluun. En päässyt ja edessäni on ammattikoulu. Silloin oli lukiolaisten ja ammattikoululaisten välillä selkeä ero. Oli jakoa eri luokkiin: ammattikoululaiset kuuluivat alempaan luokkaan. Olisiko tapahtunut elämässäni toisin, jos olisin saanut käydä kouluni vain yhdellä paikkakunnalla?

Sinä päivänä, illan hämärtyessä yöksi hymyilen ajatukselleni, olenko mistään kotoisin? Tutkiiko joskus joku lapsenlapsistani, mitähän se isoisä aikanaan touhusi. Saako hän selville, että harrastan urheilua ja kirjoittamista, entä löytääkö hän vain muutamia päivämääriä; asui Helsingissä, Espoossa, Keravalla, Tuusulassa ja Hyvinkäällä? Tietävätkö lapseni minkälainen oikeastaan olen? Tuskin. Minun tulee kertoa heille enemmän omasta elämästäni? Elämäni tarkoitus ei voi olla, että minustakin jää jäljelle vain muutamia merkintöjä arkistojen mikrofilmeille. Tunnen itseni väsyneeksi ja haikeaksi.

Tutkimusmatkani tulee siis jatkua. En vielä tiedä, mitä Anselmi teki 1800–luvun lopulla ja 1900– luvun alussa.

Eikö kuitenkin ole niin, kuten irlantilainen sanonta kuului: *"Sinun on itse hoidettava oma kasvamisesi, oli isoisäsi kuinka pitkä tahansa"*.

6

Isäni ja äitini asuivat Vantaan Martinlaaksossa. Heidän ikkunastaan avautui näkymä kohden voimalaa, jonka savupiippu kurottautui korkealle kohden pilvien peittämää taivasta. Isäni oli silloin jo yli 80-vuoden ikäinen. En muista, mistä se pitkä keskustelumme isäni kanssa sukunimestämme lähti liikkeelle.

– Saarinen on sukunimesi. Ei se niin yksinkertainen juttu ole, isäni puhui hiljaisella äänellä, kuin hänellä olisi salaisuus kerrottavaan.

– Kerro vaan, sanoin hänelle. Hän istui olohuoneen vanhalla antiikkisohvalla kuin ajatuksiinsa vaipuneena ja arvasin hänen aloittavan jälleen pitkän kertomuksen. Otin rennon asennon ja tunsin, kuinka ryhtini valui tuolin pohjalle.

– Nimi Saarinen on meidän sukuun tullut aika monen kommervenkin kautta. Esi–isistä on tehty sukututkimus, joka johtaa aina 1600–luvun puoliväliin asti.

Katsoin isäni harmaantunutta tukkaa ja iän tuomia uurteita hänen kasvoillaan. Hyvä ettei aloita sentään muinaisista kreikkalaisista, ajattelin. Hänen tyylinsä kertoa asioista oli joskus kovin laveaa. Kuulin astioiden kolinaa. Äitini oli tekemässä ruokaa keittiössä.

– Eikö se sukututkimus ole hävinnyt? kysyin, kun muutakaan en keksinyt.

– On, mutta sukututkimus saatiin jatkumaan 1650–luvulle ja niin kaukaa esi–isämme tunnetaan, hänen sanansa tippuivat hitaasti ja harkitusti. Sitten hän kertoi, kuinka Kiikan Haapaniemen kylässä oli ollut talo, jonka nimi oli Ala–Kokko.

– Mitä tuo nimi Kokko tuossa nimessä tarkoittaa, sitä en oikein tiedä?

– Tarkoittaako se nuotiopaikkaa tai juhannuskokkoa? kysyin.

Isäni piti pienen tauon eikä vastannut kysymykseeni, vaan jatkoi omaa ajatteluaan.

– Kokemäen joen rantamilla oli alkujaan Kokko–niminen talo. Ehkä joku rakensi talon sen Kokko–nimisen talon viereen, alavirtaan jokea. Sitä ruvettiin sanomaan Ala–Kokoksi. Jos esi–isämme olisivat jatkuvasti asuneet siellä, sinustakin todennäköisesti olisi tullut Ala–Kokko. Miltä tuo nimi tuntuisi? Isäni katsoi minua kuin haluten vastauksen. En tiennyt mitä vastata, joten hymyilin ajatukselle.

– Aika mielenkiintoinen kysymys, sain lopulta sanottua.

– Minusta se ei ole yhtään hassumpi, hän sanoi. Katsoin isääni ihmeissäni. Ajatus tuntui jotenkin oudolta. Huomasin hänen miettineen sukunimikysymystä.

Minulle selvisi, että isäni Taata eli Anselmin isä oli lähtenyt Ala–Kokon talosta. Maatilaa ei voitu jakaa isännän kuoltua lapsien kesken. Talo annettiin vanhimmalle pojalle ja toiset lapset menivät muihin taloihin rengeiksi tai ottivat jonkun muun ammatin.

– Juuri näin kävi minun Taatalleni. Hän muutti Kiikoisten Jaaran kylään. Kylän halki virtasi joki, jonka koskeen rakennettiin mylly ja jonka hoitajaksi hän meni, isäni sanoo kuin asia olisi hyvinkin tärkeä minun tietää.

– Mikä hänen nimensä oli?

– Hänen nimensä oli Hermanni. Kun hän oli Ala–Kokosta kotoisin, häntä nimitettiin Kokon Hermanniksi. Ajattele, jos sinusta olisi tullutkin Kokko?

Katsoin isääni ja mietin, mitä hän oikein kysymyksillään haki. Oliko hänellä jokin ajatus, jota en ymmärtänyt. Eikö Saarinen hänen mielestään sopinut meille sukunimeksi?

– Kaikkea sinä pohdit, sanoin. Aloin innostua isäni ajatusmaailmasta sillä tiesin monta henkilöä joilla on sama etu– ja sukunimi kuin minulla.

– No joo. Kyllä tuossa saattaa olla ideaa. Ei samannimistä tulisi heti vastaan, sanoin. Isäni hymyili ja hänen silmiensä pilke kertoi minulle, että vastaukseni oli hänen mielestään oikea.

Näin tuo keskustelumme nimiasiasta kiertyi sukumme ympärillä.

– Nuo nimikiemurat seuraavat Taataani aina hautaansa asti, isäni mainitsi hiukan alakuloa äänessään.

– Hänen hautakiveensä on hakattu, niin arvaa, mitä siihen on hakattu? Onko siinä Hermansson, Vanha–Mylläri, Kokko, Ala–Kokko vai mikä siinä on?

– Enpä osaa arvata. Varmaankin Saarinen.

– Siihen on hakattu Herman Mylläri selvästi ja yksinkertaisesti. Ja nimi Mylläri on myös viereisen haudan kivessä, jonka alla Hermannin vaimo minun mummuni lepää. Jos tämä herättää sinussa jotakin sukulaisuuden tutkimisen innostusta, niin käy joskus Kiikoisissa. Hauta on aivan lähellä kirkkoa. Kyllä sen sieltä löytää.

– Ei sitä tiedä, vaikka joskus käyn siellä haudalla, vastasin. Minusta tuntui, etten tulisi siellä koskaan käymään. Monesti muulloinkin olin erehtynyt ajatuksissani. En voinut aavistaa, miten sukuni asiat alkaisivat minua myöhemmin mietityttää ja alkukesästä 2017 etsin Myllärin hautapaikkaa, mutta turhaan. Lopulta löydän hautakivet Kiikoisten hautausmaan reunalta hylättyjen hautojen kivikasasta.

– Mutta ei sinusta sitten Mylläriä tullut, eikä Hermanssonia. Reilut sata vuotta sitten länsisuomalaiset ottivat itselleen virallisen sukunimen. Jos heillä oli ruotsalainen nimi, he muuttivat sen suomalaiseksi. Niinpä minun isäni Anselm otti nimekseen Saarinen. Siitä johtuu, että sinä olet nyt Saarinen, isäni sanoi ja piti pienen tauon ennen kuin jatkoi:

– Minä olen monesti tuuminut, että kyllä minun olisi sittenkin pitänyt muuttaa nimeni Vanha–Mylläriksi. Ajattele, Erkki Vanha–Mylläri, olisipa se soma nimi. Olisihan se hienoa kun sinäkin olisit Hannu Vanha–Mylläri.

Lopulta vuoden 2017 alkukesästä päädyin Kiikoisten hautausmaalle etsimään Myllärin hautaa. Hermannin hautaa en löytänyt, mutta hetken etsimisen jälkeen kivet löytyivät hautausmaan reunalta hylättyjen hautojen kivikasasta.

Myöhemmin minulle selviää, että aikuiseksi tultuaan Myllärin lapsista ainoastaan Anselm otti nimen Saarinen, Nestori, Felix ja Matilda nimen Suominen, Vilhelm nimen Virta ja vain Amandalle kirjattiin sama nimi kuin vanhemmille. Herman oli lähtenyt jo 16–vuotiaana kotoa ja kuoltuaan 33–vuotiaana hänelle ei ole merkitty sukunimeä.

Usein jään miettimään, miksi isäni ei puhunut muutamaa poikkeusta lukuun ottamatta omasta isästään? Enneminkin hän kertoi mukavia muistojaan itsestään; jääkiekosta ja kanoottiretkistään Pohjois–Suomen silloin vielä villinä virtaavilla koskilla, tai samoilustaan Nuuksion metsissä ystävänsä Apen kanssa. Kaikki ikävät tapahtumat, kansalais–, talvi– ja jatkosodan hän unohti.

Mitä menneinä vuosina itselleni on tapahtunut, missä olen ollut tai mitä nähnyt tai tehnyt? Huomaan myös, kuinka rajallinen oma muistini on. Tapahtumia elämässäni on paljon. Niitä on kuin helminauhassa helmiä; mustan puhuvia tai riemun kirkkaita. Joskus ajattelen, ettei niitä kaikkia ole edes tarpeen muistaa. Nyt niistä joistakin olisi minulle apua.

Vaikka oma Taatani, Anselm Saarinen on jäänyt minulle kovin tuntemattomaksi, niin Taata nimi seuraa suvussamme sukupolvesta toiseen. Nyt olen omille lapsenlapsilleni Taata, kuten isäni oli lapsilleni. Siihen sitten se perinne saattaa päättyä, koska tyttäristäni Merjasta, Marjosta ja Miiasta ei voi tulla Taataa.

Tai ehkä sittenkin, jospa Merjan vanhimmasta pojasta Juhosta tulisi aikanaan uusi Taata?

7

Aamu vaikuttaa kylmän kolealta. Hyvinkään lentokentän suunnalla taivaan peittää tummat pilvet. Lämpötila on nollan kieppeillä. Käännän Fiatini rautatieaseman parkkialueelle. Otan reppuni ja suljen auton ovet. Olen matkalla Kansallisarkistoon etsimään lisätietoa isoisästäni.

InterCity–juna ohittaa vauhdilla Hyvinkään aseman, jonka historia ulottuu yli sadan vuoden päähän. Vielä parisenkymmentä vuotta aikaisemmin jokunen pikajuna pysähtyi asemalla. Nyt kaikilla on kiire ja pikajunilla ei ole aikaa turhia pysähdellä.

Istun paikallisjunassa koko matkan puhelimeen puhuvan keski–ikäisen naisen vieressä. Kuluu tarkalleen neljäkymmentäseitsemän minuuttia, kun juna hiljentää vauhtiaan Helsingin asemalle. Junan pysähdyttyä nainen nostaa katseena ja silmäilee minua jotenkin tutkivasti. Sitten hän hymyilee hiukan hämillään, kuin aavistaen, että olen täysin kyllästynyt hänen lastensa sairauksiin ja ruokatottumuksiin sekä hänen henkilökohtaisiin ongelmiinsa. Ajatus naisesta vielä seuraavat minuutit matkakumppanina ei tunnu mitenkään houkuttelevalta. En ole huomaavinani naista, vaan poistun junasta asemalaiturille, joka on muutama vuosi aikaisemmin katettu lasikatoksella. Aamuruuhka on ohitse. Astun asemahallista ulos auringon paisteeseen. Ateneumia vastapäätä kukkivat keltaiset narsissit. Suurkirkko hohtaa kauempana suurena ja valkoisena. Sen risti loistaa taivasta vasten ja sen kupolin kullatut tähdet ovat merkkinä jostain, jota en ymmärrä.

Ohittaessani Helsingin yliopiston mietin, miksi isäni lakiopinnot keskeytyivät? Tuskin ainoastaan sodat vaikuttivat siihen. Laskeutuessani Kirkkokatua kohden Säätytaloa pohdin, että Kansalliskirjastossakin pitäisi käydä mutta en tiedä, mitä tietoa sieltä hakisin. Kansallisarkisto löytyy viistottain Säätytaloon nähden. Nousen raput avaan oven ja tulen suureen, korkeaan aulaan, jonka keskellä on matala pöytä ja kuusi nahkaista tuolia. Oikealla sijaitsee informaatiopiste ja vasemmalla lasiseinän takana näkyy arkistotiloja ja pitkä tiski, jonka takana kaksi virkailijaa seisoo kuin odottaen halusta päästä palvelemaan minua.

– Haluaisin löytää erään perunkirjoituksen. Onko se täällä mahdollista, kysyn infopisteen naiselta.

– Kyllä se saattaa olla, nainen sanoo varsin ilmeettömin kasvoin.

– Miten yleensä arkistossa tulee toimia?

– Menkää tuon lasiseinän takana olevien virkailijoiden puheille, nainen sanoo. Hänen kyllästyneet kasvonsa eivät hymyile.

Otan muistiinpanovälineet mukaani ja avaan lasioven. Pöydän takana on isokokoinen, lihavahko mies, jolla on virkamiehen tuikea, palvelualtis katse. Hänen pitkä hiuskuontalonsa roikkuu kuluneen paidankauluksen päällä. Hänen silmänsä katsovat tarkkaavaisesti ja saavat minut araksi. Arkuuteni on kuitenkin turhaa, sillä hän opastaa minut mikrofilmiosastolle, josta löydän aikakauslehteä lukevan naisvirkailijan. Nainen johdattaa minut huoneen takimmaisessa nurkassa olevien arkistokaappien luokse. Hän yrittää avata toiseksi alimmaista laatikkoa mutta ei saa sitä auki.

– Nämä ovat vähän risoja, hän tuhahtaa harmistuneena ja pyytää minua yrittämään. Vaikka arkistossa tulee toimia yhtä hiljaa kuin kirjaston lukusalissa, niin vain kovaa ryskyttämällä saan laatikon auki. Nainen noukkii kaksi korttia, joissa on mikrofilmattuna tietoja.

– Katsokaa näistä mikrofilmikoneella, jos löytyy tarvitsemanne tieto ja ottakaa asiakirjan numero, niin haetaan arkistosta paperikopio, hän neuvoo. Siirrymme varaamaan minulle mikrofilmien katselulaiteen.

Löydän tiedon numero 38652 ja kirjoitan sen arkistotilauslomakkeelle ja vien sen aulan miesvirkailijalle ja jään odottamaan huoneeseen, jonka ikkunat ovat peitetty verhoin. Kuuluu vain ilmastointilaitteen hiljainen hurina ja silloin tällöin arkistokaapin kolahdus sekä lehden sivun ääni, kun naisvirkailija kääntää lehteään.

Hetken kuluttua käsissäni on Anselm Saarisen perunkirjoitus sekä Akaan pitäjän Mustuen kylän Riihimäki nimisen huvilapalstan perunkirjoitus. Tila on 21 000 markan arvoinen ja siellä on kaksi venettä ja yksi perämoottori. Minulle selviää, että isoisälläni on useita osakkeita As Oy Iso–Robertinkatu 36–40 ja monta kappaletta As Oy Neljäs linja 16 osakkeita. Pesän säästö on lähes miljoona markkaa. Hautaustoimiston lasku on huomioitu ja hautapatsaaseen on varattuna 5000 markkaa. Tarkempaa tietoakin löytyy; hänellä oli neljä miehen pukua, neljä päällystakkia, kolme paria kenkiä ja neljä hattua. Vainaja on varannut omaisuudestaan lahjoina määräämilleen henkilöille yhteensä 360 000 markkaa, jotka on lokakuun seitsemäs päivä 1936 asianomaisille luovutettu. Perunkirjoituksessa on vielä maininta, että pesän omaisuudesta on mennyt kaupungin köyhille 1249,90 markkaa.

Palautan paperit ja tunnen edelleen haparoivani tehtäväni kimpussa kuin sokea pimeässä enkä tiedä, mitä seuraavaksi kysyisin. Istuudun aulaan miettimään. Mieleeni juolahtaa kävellä Maurinkadun kautta takaisin Rautatieasemalle.

Kävellessäni Rauhankatua kohden meren rantaa ajattelen, kuinka tarkkaan perunkirjoituksessa luetellaan kaikki, jopa Anselmin seitsemät alushousut. Mitä merkitsee lähes miljoonaksi sen ajan markaksi perunkirjoituksessa arvioitu omaisuus? Entä kenelle testamentissa varatut rahat ovat menneet?

Pysähdyn Liisanpuistossa ja katselen rakennuksia puiston ympärillä. Keskellä puistoa seisoo vuoden 1918 tapahtumien muistopatsas. Anselmin perhe asui kansalaissodan aikaan Tampereella. Miten he selvisivät sodan runtelemassa kaupungissa? Ehkäpä saan siitä vielä selvän, ajattelen samalla kun tuijotan Maurinkatu nelosta. Se on rakennus, jossa isoisäni ja minun elämä ikään kuin kohtaavat, sillä olemme molemmat siinä asuneet. Siinä talossa vietin elämäni ensimmäiset kuukaudet kunnes muutimme Albertinkadulle. En muista koskaan avanneeni edessäni olevan rakennuksen ovea, vaikka myöhemminkin tätieni vielä siellä asuessa, siellä kävimme.

Jätän Maurinkadun ja jatkan Liisankatua kohden rautatieasemaa. Poikkean ravintola Kolmeen Liisaan. Tilaan lohta ja paistettuja perunoita. Kala on onnistuneesti paistunutta ja sopivan suolaista. Viereisessä pöydässä haalaripukuinen mies lukee Ilta–Sanomia. Ravintolan seinällä roikkuu kehystettynä karikatyyrejä erilaisista ihmisistä. Ajattelen aikaa, jolloin olin lapsi ja pohdin vielä aikuisuuteni ensi vuosia. Se oli aikaa, jolloin ravintoloissa kävivät hyvin harvat syömässä. Ensimmäistä kertaa itse kävin vanhempieni kanssa ravintolassa eräänä heinäkuisena päivänä. Sinä kesänä vanhempani vuokrasivat kesämökin kuukaudeksi Savonlinnan läheltä Punkaharjulta. Eräänä kesäisenä päivänä menimme varta vasten syömään Savonlinnassa ravintolaan. Silloin olin ehkä 25–vuotias. Se oli varsin erilaista, kun oli tottunut syömään työpaikkaruokalassa, jossa jonotettiin lihapullia tai hernekeittoa.

Syötyäni jatkan matkaani. Monosen ruumisarkkuliikkeen kohdalla nuori koululainen tarjoaa neljällä eurolla Kevätpörriäistä helsinkiläisten koululaisten kevätlehteä. Ostan lehden. Liittyyhän sekin Helsinkiin jo 50 vuoden ajalta.

8

Kevät on edennyt jo kesän puolelle. Lämpötila kipuaa yli kahden-kymmenen asteen ja muuttolinnut ovat palanneet Suomeen. Aurin-gon valo antaa minulle voimia jatkaa tutkimusmatkaani isoisäni elä-mänvaiheisiin. Luen Tampereen työväenyhdistyksen 50-vuotishistoriikistä, että Anselm Saarinen toimi Tampereen työvä-enyhdistyksen johtokunnan jäsenenä vuosina 1898 – 1902. Kovin-kaan monta mainintaa Anselmista en kirjasta löydä, mutta yksi pieni yksityiskohta kiinnittää huomioni tässä Väinö Voijonmaan kirjoitta-massa kirjassa. Kirjan lehdillä verkatehtaan työmies Jussi Tunturi kertoo hiukan katkerana, kuinka vanhempi yhdistysväki ei hänen mukaansa luottanut nuorten toimintaan:

"Eräänä kesänä olivat yhdistyksen nuoret hommanneet arpajaiset yhdistyksen hyväksi Pyynikin kentälle. Arpajaiset menestyivät hyvin, arvat menivät kaupaksi ja juhlayleisöä oli kentällä tuhansia henkilöi-tä. Illalla ennen huvien loppumista tulivat yhdistyksen puheenjohtaja J.V. Helberg ja johtokunnan jäsen Anselm Saarinen ja keräsivät arpojen sekä tanssilippujen myyjiltä kaikki rahat ja veivät ne men-nessään. Eikä arpajaistoimikunta tietänyt työnsä tuloksista muuta kuin sen mitä johtokunta sitten myöhemmin suvaitsi ilmoittaa. Tämän tekivät mainitut henkilöt luultavasti siksi, että nuoriin arpajaistoimi-kunnan jäseniin ei luotettu."

Edellä kerrottu tapahtui joko vuona 1899 tai 1900, sillä niinä vuo-sina Hellberg toimii yhdistyksen puheenjohtajana. Mietin, oliko An-selm todella sellainen, ettei luottanut nuoriin, vai oliko kysymyksessä normaali sen aikainen yhdistyksen johtokunnan toiminta? Vai oliko idea pelkästään Hellbergin, sitä kirja ei kerro. Ehkä maininta onkin henkilön muistikuva vuosien takaisesta tilanteesta. Ehkä hän haluaa jostain syystä nolata yhdistyksen silloisia johtohenkilöitä. Ne syyt saattavat myöhemmin minulle paljastua. Sillä tiedän kokemuksesta, että aina löytyy kateellisia ihmisiä, jotka haluavat mitätöidä toisten työt.

Historiakirjan luettuani minusta tuntuu, että tutkimukseni juuttuvat jälleen paikoilleen. Olen päässyt kuitenkin hyvään alkuun ja saanut tiedon, että Anselm– isoisäni toimi työväenyhdistyksessä. Toimiko hän myös työväenliikkeen agitaattorina, se ei minulle vielä selviä. Minulla on paljon kysymyksiä vaille vastauksia. Miksi Anselmista ei löydy työväenyhdistyksen historiikistä enempiä merkintöjä? Eikö hän ollut merkittävässä asemassa yhdistyksessä? Miksi en osannut kysyä menneistä isältäni?

Eräänä päivänä soitan eräälle historioitsijalle, joka on tutkinut Tampereen työväen historiaa 1900–luvun alussa. Kysyn, miten hänen mielestään minun on syytä edetä, ja tietääkö hän mitään Anselmista? Tunnen itseni epävarmaksi. Tuntuu oudolta puhua tuntemattomalle henkilölle ja esittää kysymyksiä. Yllätyksekseni hän suhtautuu kysymyksiini myönteisesti. Usein ihmiset haluavat neuvoa, jos vain heillä on aikaa. Tällä kertaa minua onnistaa siinäkin suhteessa. Hän ehdottaa, että aloittaisin tutkimukseni Tampereen kaupungin arkistosta.

– Katso ainakin Tampereen työväenyhdistyksen kuukausikokousten ja johtokunnan pöytäkirjat sekä vuosikertomukset niiltä vuosilta. Vuosikertomuksia säilytetään Tampereen pääkirjaston Pirkanmaa–kokoelmassa. Isoisäsi saattoi toimia myös maalarien ammattiosastossa, hän sanoo.

Saan tietää, että Tampereella toimi työväenyhdistyksen lukuklubi eli toverikunta ja sen pöytäkirjat löytyvät myös kaupungin arkistosta. Tampereen maalarien ammattiosaston pöytäkirjoja säilytetään taas Työväen Arkistossa Helsingissä.

– Aika paljon näitä kaikkia pöytäkirjoja säilytetään, totean toiveikkaana ja aavistan, että nyt minulla on edessäni monta matkaa niin Tampereelle kuin Helsinkiin.

– Joissain arkistoissa asiakirjat ovat järjestämättä, joten niiden tutkiminen voi olla vaivalloista, tutkija palauttaa minut maan pinnalle.

– Yritän tehdä parhaani.

– Tämän enempää en osaa asiassa auttaa. Intoa jäljitykseen, hän toivottaa lopuksi ja minä olen jälleen yksin tutkimukseni kanssa. Minun on siis lähdettävä liikkeelle ja toivon, että jostain niitä tiedonpalasia löytyisi. En aikaisemmin ole tullut ajatelleeksi, kuinka monessa paikassa erilaisia asiakirjoja säilytetään. Missähän kaikissa paikoissa minustakin on tietoa? Selvittääkö sitä asiaa joskus joku lasten lapsistani? Mitä kaikkea hän löytää? On myös paljon ihmisiä, joista ei löydy mitään muuta tietoa kuin kuolinajat ja syntymäpäivät jos niitäkään.

En lähde Tampereelle vaan suuntaan matkani jälleen Helsinkiin ja Työväen arkistoon. Minun on löydettävä sieltä kirjoja ja pöytäkirjoja. Enkä pety. Unto Kanervan toimittama "Työväenliikkeen taivalta 100 vuotta" löytyy helposti. Alan uteliaana selailla sen sivuja. Kirja kertoo, kuinka Työväen yhdistyksen tammikuussa 1895 pidetyssä kokouksessa tultiin ensimmäisen kerran maassamme tiukasti pää ja ääni –periaatteen eli yleisen äänioikeuden kannalle:

"Jo tällöin oli muodostunut radikaalien ryhmä, johon kuuluivat savenvalaja J.K.Enqvist, maalari Fr. Rosenqvist, maalari A. Saarinen. Mistä he olivat ammentaneet ajatuksensa, sitä voi vain arvailla. Työmieskään ei ollut silloin vielä lähde, koska senkin vaikutus alkoi maaliskuussa 1895."

Seuraavana vuonna Tampereella pidettiin yleinen työväenedustajien kokous. Sen asettama valiokunta ehdotti, että varallisuuteen perustuva ääniasteikko ja vaalisensus valtiopäivävaaleissa poistetaan ja jokainen hyvämaineinen ja täysi–ikäinen kaupunkikunnan jäsen saisi yhden äänen. Myös Juho Hellberg ja isoisäni seisoivat varauksetta yhden äänen kannalla.

Elettiin aikaa, jolloin porvarissäädyssä äänioikeus määräytyi veronmaksukyvyn, talonpoikaissäädyssä maaomistuksen ja pappissäädyssä virka–aseman perusteella. Tavallisilta työntekijöiltä se puuttui. Käytössä oli yleensä myös sensus eli äänioikeuteen oikeuttava vähimmäistulomäärä.

Yllätyn siitä, että isoisäni kuului aikansa radikaaleihin henkilöihin, jotka veivät yleistä äänioikeutta eteenpäin. Mistä hän oli oppinsa saanut, saattaa johtua siitä, että Hellberg kirjapainajana oli saanut paljon tietoa lukemalla. Oliko hän myös Anselmin oppi–isä? Vuoden 1897 kunnallisvaaleihin mentäessä Työväenyhdistyksellä ja ammattiosastoilla oli yhteinen vaalivaliokunta. Tätä ennen tamperelaisen työväestön edustajat olivat olleet Suomenkielisen puolueen listoilla. Joulukuun alussa 1897 Tampereen työväentalolla pidettiin kokous, johon kutsuttiin "työmiehet ja työväenasian ystävät ". Paikalle tuli noin 130 henkeä. Kokouksen puheenjohtajana toimi Hellberg ja sihteerinä K.V. Petäjäniemi.

Puheenjohtaja pyrki johtamaan kokousta hyvässä sovussa ja yhteisymmärryksessä. Kuitenkin kokouksesta jouduttiin poistamaan eräs osanottajista. Poistaminen rauhoitti kokouksen. Äänestyksen jälkeen työväenlistalle nimettiin monen muun lisäksi isoisäni kauppias Anselm Saarinen. Kiihkeän kokouksen päätyttyä, kauppias A.F. Iltanen ehdotti kolmenkertaista eläköön–huutoa työväen puolueelle ja sen menestymiselle.

Yllättäen huomaan, että Anselmin osalta ei puhuta enää maalarista vaan hän on ryhtynyt kauppiaaksi. Minulle ei selviä, minkälainen kauppias hän on ja missä Tampereella hänen kauppansa sijaitsee. Muistan hämärästi isäni kertoneen, että alkuun Anselm teki kauppaa torilla. Ehkä myöhemmin hän myös oivalsi, että ostamalla vanhan talon ja maalaamalla sen, siitä sai hyvän voiton.

Miksi kauppiaana hän oli voimakkaasti kehittämässä tamperelaista työväenliikettä, oli työväenliikkeen ehdokaslistalla ja miksi hänestä on varsin vähän tietoja Työväenyhdistyksen historiikissa? Minun on otettava selvää, selittäisivätkö hänen myöhemmät tekemisensä ja tapahtumat syyn tähän.

9

Yritän kirjoittaa isoisästäni kuitenkin lapsuuteni haluaa tulla kerrotuksi. Niin harmillista kuin se on, minun on hyväksyttävä muistamattomuuteni siitä ajasta. Miten Huopalahden sukulaistalosta muutamme Etelä–Kaarelaan Vannetielle? Yritän kaivella mustiani, mutta en löydä muistikuvaa, mistä haemme huonekalumme ja auttaako joku meitä. Jokin äidin ja isän suhteessa muuttuu kuitenkin positiivisempaan suuntaan.

Rintamamiestalon, jonka alakertaan vuokralaisiksi tulemme, omistaa armeijan luutnantti, joka työskentelee Santahaminan varuskunnassa. Heidän perheensä asuu talon yläkerrassa. Heillä on kaksi poikaa, jotka ovat lähes saman ikäisiä kanssani. Siitä ajasta ja talosta muistan joitain yksityiskohtia, mutta kokonaisuus on minulta kateissa. Näen vain joitakin lyhyitä välähdyksiä, ikään kuin ne eivät koskisi minua.

Jälleen on koulun vaihto edessäni ja menestymättömyyttäni opiskelussa puolustan, että ehkä ulkoisilla olosuhteilla oli vaikutusta siihen, ettei koulun oppi mennyt minulle perille. Silti turha minun on nyt sääliä itseäni, sillä elämä kulkee omaa rataansa ja tuo milloin minkälaisia vaikeuksia. Enkä vielä silloin tiennyt, mitä kaikkea edestäni tulisin vielä löytämään.

Mieleeni nousee muisto, jonka tapahtumapaikkana oli Kaarelan talon alakerran sauna. Pääsin usein niin sanottuun miesten saunaan, "jälkilöylyyn", kuten sanonta kuului. Saunoimme isän ja yläkerran sedän kanssa. Kerran kuumeisena en malttanut olla lähtemättä saunomaan. Jossain vaiheessa, kun löylyjä otettiin, pyörryin. Se oli hämmentävä tunne. Miksi tämän tapahtuman olen tallentanut muistiini? Ehkä se johtuu siitä, että se oli ensimmäinen kerta jolloin menetin tajuntani. Seuraava olikin armeijan hammaslääkärissä. Hammaslääkärissä käynnit ovat sellaista mihin en tähän päivään mennessä ole tottunut.

Etelä–Kaarelassa elämässäni alkoi jälleen erilainen ajanjakso. Tapahtumat vyöryivät omaan tahtiinsa. Oli vain elettävä päivä kerrallaan pienen pojan elämää, johon kuuluivat koulukäynti ja "purkkis-leikit" tai "peffikset" läheisellä niityllä.

Säännölliset TV–lähetykset käynnistyivät vuoden 1958 alussa tasavallan presidentin uudenvuodenpuheella. Ei meillä ollut televisiota. Erään kaverini perheeseen oli televisio hankittu ja me lähiseudun lapset saimme muutaman kerran käydä tuijottamassa tätä ihmettä.

Ennen kaikkea Kaarelan ajasta muistan enomme, joka työskenteli ilmavoimien lentäjänä. Hän tuli muutamia kertoja armeijan harjoituskoneella käymään Helsingissä. Hänellä oli tapana lentää matalta lähes puiden latvojen tasolta asuintalomme yli. Hän teki muutaman kaarroksen ja poistui sen jälkeen keikuttaen lentokoneen siipiä kohden lentokenttää. Muutaman tunnin kuluttua hän ilmestyi meille kyläilemään. Äitimme oli lennoista kauhuissaan, sillä sellainen lentely ei ollut ihan ohjesäännön mukaista. Enomme oli sodan käynyt jermu ja persoona, jota omalla tavallani ihailin.

Kaarelan koulusta muistan vielä, kuinka opettaja paiskasi minut jumppatunnilla seinää vasten, syytä en muista. Muistan myös kuinka eräällä toisella jumppatunnilla pelasimme pesäpalloa. Olin luokkamme parhaita pelaajia. Kun en päässyt syöttäjäksi, kuten halusin, en saanut ainoakaan heittoa tai lyöntiä kiinni.

Mieleeni palautuu myös se, kuinka silloin kaksi luokan parasta urheilijaa pääsi valitsemaan jumppatunnilla joukkuetta itselleen. Toisinaan valitsin ensimmäisten joukossa myös jonkun, joka ei ollut hyvä liikunnassa. Ehkä se kuvastaa jollain lailla silloista ja nykyistä ajatusmaailmaani.

Syksyllä joku kavereistani keksi, kuinka heittämällä ison kiven katuvalopylvääseen, tärähdys sai valon hetkellisesti kirkkaaksi mutta pian se sammui. Eipä mennyt kauan kun osa katuvaloista oli pimeä-nä. Koulussa kerroin menetelmän eräälle pojalle, joka sitten kanteli sen opettajallemme. En vielä tiennyt, ettei kaikkia asioita kannata kertoa muille, eikä kaikkiin ihmisiin voi luottaa.

Miksi mieleeni ei tule yhtään muistoa veljistäni Anssista ja Pekasta eikä siskostani Kaisasta. Johtuuko se vain siitä, että olen Anssia kolme vuotta vanhempi ja Kaisaa ja Pekkaa vielä enemmän. Se ikäero siinä vaiheessa oli todella suuri. Muistan kuitenkin illat jolloin isämme kertoi meille iltasatuja ennen nukahtamistamme. Hyvin usein makuuhuoneessamme seikkaili intiaanien keskellä isämme keksimä "Nahkasukka". Isä kertoi satua ja me kuuntelimme. Usein muut lapset nukahtivat ennen kuin illan satu loppui.

Muistanko minä asioita väärin? Sotkenko niiden tapahtumapaikkoja ja aikoja. On myös paljon asioita, joita sisarukseni muistavat, mutta minä en. Kerran veljeni Pekan kanssa muistelimme Kaarelan aikaa. Hänellä on muisto siitä, kuinka isä ja äiti riitelivät ja pohtivat eroa ja sitä kuka lapsi lähtee kummankin mukaan. Minulla tapahtumasta ei ole minkäänlaista mielikuvaa. Vai onko muistini toiminut toisin: se on eristänyt minulta kipeät muistot ja auttanut minua jaksamaan hankalien tilanteiden yli. Olenko tietoisesti sulkenut kaikki vanhempieni riidat mielestäni, sillä niitä on täytynyt siihen aikaan olla. Ja miten äiti jaksoi sellaista elämää. Miksi en myöhemmin kysynyt? Olisiko hän siihen vastannut?

Koulujen loputtua vuonna 1959 on jälleen muutto edessämme tällä kertaa Espoon Bemböleen, Hölmölään kait pitäisi suomeksi sanoa. Mitä syitä siihenkin muuttoon liittyy, on jäänyt minulta pimentoon.
   Muuttoautomme kurvasi toukokuun lopussa Bembölen Kahvituvan pihaan ja avasin ensimmäisen kerran kahvilan oven. Menin kysymään, missä talo sijaitsi, jonne olemme muuttamassa. Eivät he tienneet, vaikka talo oli reilun sadan metrin päässä. Jotenkin löysimme sen pienen punaisen mökin, jonka pihalla oli kirkasvetinen kaivo ja omenapuut varjostavat rakennusta. Kauempana sijaitsi rakennus, jossa oli sauna ja puuliiteri ja tämän takana erillinen varastorakennus, josta myöhemmin tuli "harjoitussalini", kun halusin oppia nyrkkeilijäksi. Onneksi minusta ei lopulta nyrkkeilijää koskaan tullut.
   Sinä kesänä täytin 13 vuotta.

10

Istun flunssaisena tietokoneeni ääressä ja mietin, olisiko jälleen teh-
tävä jotain isoisäni tarinan eteen. Jos aavistukseni pitävät paikkansa,
tulen hetken kirjoittamaan ja jälleen unohdan koko asian. Minun on
kuitenkin yritettävä vaikka väkisin, sillä kuukausia on kulunut siitä
kun viimeksi sain muutaman liuskan aikaan.

Aika jolloin isoisäni eli ja vaikutti oli varsin toisenlainen kuin se
aikakausi, jossa itse yritän selvitellä menneitä tapahtumia. Se haittaa
selkeästi tehtävääni. Olen selvittänyt ajan, jolloin Anselm–isoisäni
oli muuttanut Helsinkiin, mitä sitä ennen oli tapahtunut, se minun
olisi ratkaistava.

Tampere kasvoi 1800–luvun viimeisinä vuosina teollisuuden ym-
pärille syntyneestä kaupungista Suomen kolmanneksi suurimmaksi
kaupungiksi. Sen pinta–ala kolminkertaistui ja väkiluku viisinkertais-
tui. Työläiset asuivat ahtaasti pienissä, vaatimattomissa asunnois-
saan. Heidän kotinsa oli puutalokortteleissa tehtaita ympäröivillä
alueilla ja vallitsi asuntotopula.

Anselm oli muuttanut Tampereelle. Minulla ei ole varmaa tietoa,
missä hänen ensimmäinen asuntonsa sijaitsi. Jossain vaiheessa hän
muutti Satamakadulle.

Ulkotyöväenyhdistyksessä, jonka jäseneksi Anselm Tampereelle
muutettuaan liittyi, asuntoasiaan kiinnitettiin huomiota. Joulukuun
viidentenä päivänä vuonna 1895 Ulkotyöväenyhdistyksen asettama
toimikunta kokoontui Anselmin toimiessa puheenjohtajana. Esillä oli
asunto–osakeyhtiön perustaminen. Paikalla Anselmin lisäksi olivat
Juho Hellberg ja muutama muu yhdistyksen jäsen. Kokouksessa
keskusteltiin vilkkaasti: joku ehdotti asunto–osakeyhtiön pohjarahak-
si 60 000 markkaa jaettuna kolmeenkymmeneen kahdentuhannen

markan suuruiseen osakkeeseen. Ajatuksena oli lunastaa kaksi tonttia, joille kummallekin rakennettaisiin viisitoista asuntoa. Jokainen suorittaisi osaketta kohti kolmensadan markan etumaksun, näin saataisiin kasaan tontin ostoon tarvittavat rahat. Asunto–asia etenikin nopeasti ja jo tammikuussa Raittiusseura Taiston talolla oli koolla Tampereen asunto–osakeyhtiön alustava kokous, jossa keskusteltiin yhtiön säännöistä ja tontteja ostamaan valittiin toimikunta. Viikon päästä valittiin sääntövaliokunta, johon tuli nimetyksi myös Anselm ja Juho Hellberg.

Kului muutamia viikkoja ja seuraavan vuoden tammikuun lopussa Taiston talolle keräytyi kaksikymmentäneljä osakasta pohtimaan rakentamiseen liittyviä asioita. Kokouksessa Anselm ehdotti, että taloon tulisi myös kokoushuone. Ehdotusta vastustettiin joten se jäi suunnitelmista. Samalla päätettiin rakennustoimikunnasta sekä siitä, että urakkatarjoukset tuli jättää Anselm Saariselle hänen osoitteeseensa Satamakatu 20.

Ulkotyöväenyhdistyksen rakennusprojekti eteni Tampereella ja maaliskuun lopulla sille valittiin työnjohtaja 150 markan kuukausipalkalla. Kun yhtiön säännöt olivat senaatissa hyväksytty, työt päätettiin aloittaa. Toiminta alkoi huhtikuun puolessa välissä 1896. Silloin yhtiölle valittiin johtokunta, johon tulivat äänestyksen jälkeen myös Anselm Saarinen. Vaalin jälkeen, eräs kokouksen osanottajista oli sitä mieltä, että yhtiön kyvykkäin jäsen Malmstedt oli jätetty johtokunnan ulkopuolelle.

–Tarvitaanko uutta äänestystä, vai onko vanha äänestys pätevä? Anselm kysyi kokouksen osanottajilta. Kokous totesi päätöksen lailliseksi. Tämä johti kuitenkin siihen, että kokouksessa nousi kova kiistely ja Anselm, kokouksen puheenjohtajana, joutui keskeyttämään kokouksen.

Kinastelu ei jäänyt pelkästään kokoukseen vaan sen kulkua käsiteltiin myös Aamulehden sivuilla niin, että Anselm hermostui ja otti asiaan kantaa Aamulehteen lähettämässään tiukkasanaisessa kirjoituksessaan:

Tilaa pyydetään seuraavalle. Aamulehden kahdessa numerossa on ollut uutinen, jossa on mainittu, että Työväen asunto–osakeyhtiön vuosikokouksessa on ollut ikäviä ristiriitaisuuksia ja yhteentörmäyksiä. Uutinen tuollaisenaan ei saata olla vaikuttamatta pahaa, sillä se herättää epäluottamusta yhtiön toimintaan. Sanotaan vielä samassa uutisessa, että miten käynee kun ollaan oman katon alla, kun nyt jo riidellään. Suuri yleisö, joka ei lähemmin tunne yhtiön sisäistä toimintaa, joutuu tällaisten tietojen kautta hyvinkin epäilevälle kannalle toiminnastamme. Pidämme siitä syystä velvollisuutenamme vaatia, että Aamulehti antaa siitä tarkemman totuuteen perustuvan kertomuksen, josta yleisölle käy selville syyt tähän huudettuun rettelöön.

Olemme valmiita antamaan toimitukselle kaikki tarvittavat tiedot asiasta. Koska olemme vakuutetut, että Aamulehti kuitenkin pitää yritystämme tarpeellisena ja kannatusta ansaitsevana, ei sen siis pitäisi kieltäytyä korjaamasta yllämainittujen uutisten kautta aikaansaamaansa tietoa toimistamme.

Samassa vaadimme vakavasti, ettei Aamulehti sekoita tätä anomusta, enemmän kuin muitakaan puolueriitaisuuksiin, sillä me tahdomme puuhinemme pysyä niiden ulkopuolella.

Siis vielä kerran pyydämme Aamulehteä antamaan tarkempia tietoja asioista mielten rauhoittamiseksi, ja toivomme, että vasta oltaisiin näinkin tärkeissä asioista juoruja kuulematta ja niitä levittämättä. Johtokunnan puolesta, Anselm Saarinen

Kokouksen kulusta kirjoittaneen toimittajan vastaus oli taitettu heti Anselmin kirjoituksen perään ja se antoi varsin toisenlaisen kuvan kokouksesta.

"Kummastuksekseni vaatii Tampereen työväen asunto osakeyhtiön johtokunta minua tekemään tarkempaa selkoa yhtiön ensimmäisestä vuosikokouksesta, josta ensi kerran kertoessani sanoin siellä tapahtuneen yhteentörmäyksiä osakasten kesken. Kuten jo ensimmäisessä tämän asian johdosta antamassani selvityksessä mainitsin, tein sen hyvässä tarkoituksessa; siihen ei yhtiön johtokunta näy kuitenkaan tyytyneen, vaan vaatii, kuten sanottu, tarkemmin selittelemään

nuo ristiriitaisuudet ja yhteentörmäykset, jotta yleisölle kävisi selville syyt tähän rettelöön. Mielipahakseni näin muodoin pakotettu tuomaan julkisuuteen sen, mitä tästä jäljempänä seuraa, vaikka en ymmärräkään, mitenkä se parantaisi asioita. Kokouksen menon pääpiirteissään alusta alkaen, nousi ensinnä kysymys isännöitsijän palkasta, jota toiset esittivät suuremmaksi, toiset pienemmäksi. Tässä heti tapahtui "yhteentörmäys", josta esim. hra Hellberg näki hyväksi lausua rakennusmestari Mambergille sangen ilkeät sanat, mitenkä tämäkin puolustaa pientä palkkaa, vaikka hänellä esim. oli Ulkotyöväenyhdistyksen rahastonhoitajana palkkaa 100 mk vuodessa eikä kuitenkaan kyennyt virkaa toimittamaan, joka häneltä tarvitsi ottaa pois.

Luonnollisesti vaati hra M heti hra H:n tilille näiden sanojen johdosta, huomauttaen, ettei H ole edes yhtiön osakas, joten hänellä ei ole yhtiön asioista enempää kuin kokouksessaan mitään tehtävää.

Kun sitten näin alettua oli toimitettu johtokunnan jäsenten vaali ja kysytty, onko mitään muistuttamista vaalin johdosta, ilmoitti muurari Henriksson alla mainitulla tavalla, ettei hän voi mitenkään hyväksyä vaalia, jossa ei ole annettu kunkin äänestää vakaumuksensa mukaan, vaan käyty kuiskuttelemassa korvasta korvaan, ketä ei saisi millään muotoa äänestää. Saman muistutuksen teki rakennusmestari Sillman. Yhtä kiivaassa mielentilassa ja hän valitti sitä seikkaa, että agiteerauksen kautta johtokunnasta syrjäytettiin etevimmät miehet ja valittiin vain pelkkiä maalareita ja suutareita. Selvää oli, että tämän jälkeen vaadittiin ilmoitettavaksi kuiskailija, joka ei ollut kukaan muu kuin kokouksen puheenjohtaja maalari A. Saarinen. Ei tarvinne mainitakaan, millaisen vaikutuksen tämä teki. Hra Hellberg ei kuitenkaan luullut kenenkään äänestäneen toisen vaikutuksesta ja tähtäsi tämän jälkeen pitämänsä pitkän puheen hra Malmstedtiin, joka hänen mielestään oli ollut pitemmän aikaa haittana rakennustoimikunnassa ja saanut aikaan rettelöitä ja olisi nyt ensimmäinen mies hymyilemään, jos yhtiö sattuisi keikahtamaan nurin. Puheenjohtaja sai hän luonnollisesti vastauksen, josta siitäkään ei sanoja säästetty. Hra H. Sai kuulla, miten hän ja maalari Saarinen joukkoinensa yksin tahtoo hallita jne.

49

*Kaiken lopuksi lähti suuri joukko kokouksen osanottajia suutuk-
sissa matkaan, kun olivat purkaneet mielipahansa sanoiksi, jotka
mainitsen ainoastaan silloin, kun vielä tätäkin tarkempaa selontekoa
vaaditaan. Seurauksena jäsenten poistumisesta oli, että kokous täytyi
lopettaa kesken.*

*Tässä nyt kerrottuna kokouksen meno totuuteen perustuen ja tar-
kasti yksityisen päätettäväksi jääköön, miten paljon ensimmäisessä
kertomuksessani oli puutteellisuutta tai muuta sellaista. Toivon, että
mainitun uutisen kautta aikaansaatu tieto käsitys toiminnastanne
tämän selonteon kautta korjaantuisi ja mielet rauhoittuisi.*

Kaikesta edellä mainitusta kohusta huolimatta rakennusurakka
eteni. Mielenkiintoinen asia tapahtui, kun käsiteltiin talon maalaus-
tarjousta. Oli saatu kolme tarjousta 2000, 1750 ja 1774 markkaa.
Anselm näki tilaisuutensa ja tarjosi työn 1700 markalla. Hänen tar-
jouksena hyväksyttiin yksimielisesti.

Heinäkuun viimeisenä päivänä oli vuorossa asuntojen arpominen.
Arvonnan jälkeen näytti, että kaikki ovat tyytyväisiä. Tuli syksy ja
Anselm esitti eräässä kokouksessa, että pihamaalle olisi laitettava
lyhty. Toisetkin olivat samaa mieltä. Lyhdystä ei kuitenkaan ollut
pitkään Anselmille iloa, sillä 28.10.1986 hän ilmoitti luopuvansa
johtokunnasta, koska hän oli myynyt osakeoikeutensa Kaarlo Koivis-
tolle. Samaan aikaan johtokunnasta erosi myös Juho Hellberg ilmei-
sesti myös syynä myynti.

Paljon myöhemmin, vuonna 1899 Työväen Joululehdessä Juho
Hellberg nosti Anselmin sen ajan tamperelaisen työväenliikkeen
merkkihenkilöiden joukkoon:

*"Näiden kahden rinnalle voimme hyvällä syyllä asettaa kauppias
Anselm Saarisen. Syntynyt hän on 19 p. Huhtikuuta Kiikoisissa, mis-
sä isänsä oli myllärinä. V 1884 siirtyi hän Poriin maalari oppiin,
työskennellen sitten useamman vuoden siinä ammatissa sekä vierail-
la että itsenäisenä. V. 1894 siirtyi hän Tampereelle, liittyi samana
vuonna Ulkotyöväenyhdistykseen ja seuraavana vuonna Työväenyh-
distykseen. Ehdottomasti raittiina on hän myöskin omannut työtä ja*

aikaa raittiusasian edistämiseen. Rehellisempää ja lämminsydellisempää aatetoveria tuskin löytää. Hänellä on oma alansa paikallisessa työssä, ja siinä on hän kunnialla suoriutunut. Taloudellisten asioiden harrastajana on hän aina valmis ehdotuksilla ja neuvoilla opastamaan työväestön liikeyritysten toimeenpanoa. Tamp. Työv. Asunto–Osakeyhtiö, joka on paikkakuntamme suurimpia ja varakkaimpia, on hänen alkuunpanema ja loppuun johtamansa. Tarmokkaasti ohjasi hän yrityksen monien vaikeuksien läpi. Samoin on työväen puukauppayhtiö ja parhaillaan kehityksen alaisena oleva osuuskauppayhtiö pääasiallisesti hänen ansiotaan. Suoraan peittelemättä lausuu hän ajatuksensa ystävästä ja vastustajasta, ja sallii hän samaa sanottavan itsestään. Päättäväisenä ja itsenäisenä kaikissa toimissaan, on hän siten kehittänyt arvoa, itseluottamusta ja yritteliäisyyttä aatetovereihinsa. Hän on ollut mukana yhdistyksen uudistustaistelussa. Parhaimmat todistukset hänen ja Enqvistin ansioista näissä taisteluissa saadaan tarkastelemalla kaupungin sanomalehtiä v.1893–1897. (J.V.H.)"

Näyttää selvältä, että ei yksistään Työväen asunto–osakeyhtiön osalta vaan myös muuten, kauppiaana Anselmi oivalsi, että ostamalla vanhan talon ja maalaamisen jälkeen sen voi myydä voitolla. Hän osasi ostaa ja myydä juuri oikeaan aikaan. Se antoi pohjaa hänen tuleville toimilleen.

11

Kävelen keittiöstämme työhuoneeseeni. Olen tyytymätön, sillä iso-isästä kirjoittamiseni ei edelleenkään etene toivotulla tavalla. Tiedän, että kulkiessani allapäin pää painuksissa, näen vain pienen kaistaleen maata. Pääni nostaminen pystyyn on yksinkertainen liike, sillä se laajentaa näköalaa. Siispä nostan katseeni ylös, istuudun työpöytäni ääreen ja alan jälleen kirjoittaa mutta palaan kuin itsestään oman elämäni tapahtumiin. Monet omat muistoni ovat pieninä väläyksinä mielessäni. Yritän muistella, minkälaista oli toukokuussa vuonna 1964, kun perheemme kirjattiin asumaan Pitäjänmäelle Helsinkiin. Asuntomme sijaitsi Nuolitie 4:n toisessa kerroksessa. Alapuolellamme oli K–kauppa. Olin silloin kuusitoista ja ammattikouluni Leppävaarassa oli lopuillaan.

Sinä vuonna Innsbruckissa pidetyissä talviolympialaisissa Eero Mäntyranta voitti kultaa ja minulla alkoi työelämä, melko läheltä Helvar Oy:n tehtaalta Pitäjänmäellä: tehtaalla jossa naistyöntekijöiden urakat olivat niin tiukkaan hinnoiteltuja, etteivät he kunnolla ehtineet vessassa käydä. Levynleikkaamo, josta muodostui työpisteeni, sijaitsi tehtaan pihan toisella puolella matalassa rakennuksessa.

Työpaikka vaihtui minulla vielä muutamaan muuhun ennen armeijaan menoani. Varusmiespalvelukseni alkoi Santahaminassa, josta minut siirrettiin alokasajan jälkeen Kaartin pataljoonaan. Sieltä jouduin Lahteen lääkintäkouluun ja palasin takaisin Merikasarmille, josta sitten vielä siirto kävi takaisin Santahaminaan. Pääsin siviiliin 10.2.1968.

Samana vuonna kohtasin tulevan vaimoni Pirjon. Meidät vihittiin Pitäjänmäen kirkossa seuraavan vuoden joulukuun kuudes päivä. Ensimmäinen asuntomme oli Pirjon työpaikan pieni vuokrayksiö

Munkkiniemessä Kadetintiellä. Asunnossa oli huone ja keittokomero, joten vuokrasimme Kontulasta pienen kaksion. Merja syntyi joulukuussa 1970. Samaan aikaan työskentelin Wärtsilän Hietalahden telakalla.

Helmikuun kahdeksantena päivänä 1971 noin 70 000 metallityöntekijää aloitti lakon hylättyään valtakunnansovittelija Erkki Sunilan tekemän välitysehdotuksen. Lakon sanottiin olleen Neuvostoliiton Suomen–lähettilään Aleksei Beljakovin masinoima. Kuitenkin lakon alkamiseen oli monta eri syytä. Metalliteollisuus kärsi työvoimapulasta, jota pahensi se, että Ruotsin työmarkkinat parempine ansioineen sai monet muuttamaan paremman toimeentulon perässä länsinaapuriin. Metalliteollisuuden nuori jäsenkunta oli myös innokas taistelemaan parempien työehtojen puolesta.

Telakalla huomasin, kuinka kommunistit olivat voimakkaasti ennakkoon jo lakkoa masinoimassa. Olin lakossa muiden mukana, vaikka en ollut Metalliliiton jäsen. Lakkoaikana en saanut mitään korvausta. Minulla oli aikaa olla Merjan kanssa ja iltaisin opiskella, sillä päämääräni oli Helsingin Teknillinen koulu. Lakko päättyi 26. maaliskuuta 1971. Olin käyttänyt seitsemän viikkoa hyvin hyödykseni. Ja keväällä osallistuin Helsingin Teknillisen koulun pääsykokeisiin.

Kun opiskeluni oli lopuillaan vuoden1974 keväällä, muutimme Kontulasta Pohjois–Haagaan aivan Pirkkolan urheilupuiston kupeeseen. Urheilupuisto tarjosikin hienot mahdollisuudet juoksun harrastamiseen. Haagan asunnostamme ei tullut pitkäaikainen, sillä Pirjo päätti vaihtaa työnantajaa ja edessämme oli jälleen muutto. Muuttomatka ei ollut pitkä, sillä uusi kotimme sijaitsi Maunulassa aivan vanhan ostoskeskuksen vieressä. Samana vuonna 1975 kun Helsingissä pidettiin ETYK–kokous, joka kokosi maailman johtajat Helsinkiin, minä aloitin heinäkuussa työnjohtajana VR:n työkonekorjaamolla Pasilassa.

Maunulastakaan ei tule monivuotista asuinpaikkaa, sillä hain VR:n vuokra–asuntoa Oulunkylään valmisteilla olevasta talosta. Muutimme lastemme Merjan ja Marjon kanssa maaliskuun alussa 1978 Jokiniementielle. Asunto oli kerrostalon toisessa kerroksessa.

Keittiön ikkunasta avautui näkymä junaradalle. Parvekkeelta voi katsella rakennuksen toisella puolella olevalle leikkipihalle. Talossa asui vain rautatieläisperheitä. Kyseessä oli neljäs yhteinen asuntomme. Marjo oli syntynyt heinäkuussa 1977 asuessamme vielä Maunulassa, jonne olimme muuttaneet joulukuussa 1974.

Vuokra–asunnossa haaveilimme omistavamme vielä joskus oman asunnon. Aikaa myöten saimme säästetyksi rahaa sen verran, että uskalsimme mennä pankinjohtajan puheille pyytämään lainaa Keravalla valmistuvan Arava–lainoitteisen asunnon hankintaan. Tiesimme, että Keravalla asunnot olivat huomattavasti edullisempia kuin pääkaupungissa.

– Meillä on tapaaminen kello kolmetoista johtajan kanssa, sanoin SYP:n pankkivirkailijalle, joka istui pöytänsä takana tiukka ilme kasvoillaan.

– Johtaja ei ole vielä tullut lounaalta mutta heti kun hän tulee, ohjaan teidät hänen luokseen, nainen sanoi ja käänsi katseensa omiin papereihinsa.

Istuuduttuamme, kaivoin esiin asuntoa koskevat paperit. Lisäksi minulla oli tarkat laskelmat tuloistamme, maksukyvystämme ja siitä, minkä verran lainaa tarvitsimme. Kello tuli kolmetoista, kutsua pankinjohtajan luokse ei kuulunut. Minuutit muuttuivat kymmeneksi ja odottavan aika tuntui pitkältä. Mielen valtasi epävarmuus, miten johtaja laskelmiini ja lainahakemukseeni suhtautuisi ja tulisiko hän ollenkaan.

Lopulta reilun kolmen vartin odottelun jälkeen pääsimme huoneeseen, jonka ison tammipöydän takana johtaja istui. Hän oli neljänkymmen korvilla ja pukeutunut hyvin istuvaan pukuun. Tervehdittyämme esitin asiani hänelle.

– Kuinka monta kymppiä tarvitsette? pankinjohtaja katsoi minuun ikään kuin hänellä olisi kauhea kiire.

Otin esiin laskelmani ja näytin kuinka kymmenen markan tarkkuudella olin laskenut meidän lainatarpeen.

– Kuinka monta kymppiä tarvitsette, pankinjohtaja toisti kysymyksensä, kuin ei olisi kuullut selvitystäni. Katsoin häneen ja aistin ilmassa alkoholin tuoksun ja pankinjohtajan hyväntuulisuuden. Tajusin äkisti, että hän puhui kymppitonneista, kun minä taas kymmenistä markoista. Sain lopulta sanottua oikean summan ja johtaja myönsi tarvitsemamme lainan.

– Pankinjohtaja taisi olla pitkällä lounaalla ennen tapaamistamme, sillä hän oli hiukan kännissä, sanoin Pirjolle lähdettyämme pankista.

– Ei ollut. Eivät pankinjohtajat voi kännissä olla, hän sanoi. En tiedä, uskoiko hän sanomaansa, mutta minä olin oppinut, että alkoholin käyttö työaikana saattoi kuulua suurempienkin johtajien kuvioihin. Monet kaupat ja päätökset oli tehty ravintoloissa ja varmaan isänikin taloudellisten menetysten takana oli varmaan ravintolaillat.

– Meidän olisi kannattanut ehkä pyytä enemmän lainaa, oli niin hyvällä tuulella, että varmaan olisimme saanet, vastasin.

Ehdimme asua Oulunkylässä kaksi vuotta ennen kuin muutimme Keravalle maaliskuussa vuonna 1980. Kolmas lapsemme Miia syntyi saman vuoden heinäkuussa. Asunto sijaitsi ihan kaupungin keskustan tuntumassa. Kauppoihin, päiväkotiin ja kouluun oli lyhyt matka. Keravan oma asunto merkitsi meille paljon.

Ajattelen kuinka oma aikuiselämäni on kulkenut monen asunnon kautta. Ei se, että lapsena muutimme asunnosta toiseen, vaan myös ne useat myöhemmät muutot ovat vaikuttaneet minun ajatusmaailmaani. Keravalle muutettuamme olin asunut Pirjon kanssa yhteensä viidessä eri paikassa. Ne muutot eivät vielä jääneet siihen.

Monissa muutoissa olen inventoinut sen hetkisen tavaramääräni. Usein huomasin, kuinka monenlaista turhaa tavaraa on nurkkiini kerääntynyt. Siihen nähden, mitä minulla oli, ei 1800–luvun lopulla monellakaan perheellä ollut. Olivatko ihmiset silloin paljon tyytyväisempiä kuin nykyihmiset? Tuskin isosälläni Anselmilla oli autoa, kolmea paria suksia, televisioista puhumattakaan.

Ehkäpä minun olisi nyt jatkettava isosäni tarinan selvittämistä.

12

Eräänä päivänä lähdemme ajelemaan moottoritietä kohden Tamperetta. Olen kuin suunnistaja, joka on löytänyt polun, jota kulkea. Vaikka polku ei selvästi näy, tiedän sen vievän kohden päämäärääni. Painan selkäni tiukemmin autoni istuimeen ja suoristan käteni.

– Mitä nyt? Ritu kysyy.

– Selkääni hiukan kolottaa, sanon. Katson mustaa asvalttia ja mietin, mitä Tampereelta löytäisin. Mikä tahansa tiedon murunen riittäisi. Tieto, jolla voisin luoda kuvan miehestä, jota en koskaan ole tavannut. Entäpä jos mitään lisätietoa en löydy. Sellainen mahdollisuus on aina olemassa. Vilkaisen Ritua, joka seuraa ohikiitävää maalaismaisemaa. Hän on lähtenyt mukaani, jotta pääsisi hetkeksi irti meidän kaupunkiasunnostamme.

Ritu katsahtaa minua päin ja muistuttaa silmälasieni likaisuudesta.

– Kyllä näillä näkee riittävästi, vastaan. Hymyillen väkinäisesti. Ritun tukka on otsalta sivulle kammattu ja hänen huulensa ovat kevyesti meikatut. Kun hän kääntää jälleen katseensa minuun, hänen kasvoillaan karehtii hymy ja silmissä kuvastuu huoli jostakin, jota en ymmärrä.

Vaikka olemme eläneet yhdessä jo vuosia, kaikkia hänen ilmeitään ja ajatuksiaan en ymmärrä. Toisinaan taas pienestäkin ilmeestä tai äänilajin muutoksesta aavistan, mitä hänellä on mielessään. Näkeekö Ritu minussa epävarmuutta, tuskailua ja hapuilua isoisä–projektini suhteen. Myönnän hapuilleeni elämässäni ja tehneeni monia virheitä. On asioita, joita olisin voinut tehdä toisin. Jälkeenpäin voin todeta, kuten urheilijoilla on tapana: "Tein parhaani ja katsoin mihin se riitti".

Tampereen iltapäiväliikenne sykkii omaa tahtiaan. Ohitamme rähjäisen pubin, jossa joukko ihmisiä tilaa oluensa ja laahustaa vakiopöytiensä ääreen. On jälleen päivä, jolloin työttömien armeija juopuu tajuamatta, kuinka elämä valuu heidän kurkustaan. Päättäjillä olisi mahdollisuus nähdä, etteivät asiat ole hyvin, mutta heillä on mielessään supistukset ja säästöt. Heillä ei ole aikaa pysähtyä katsomaan ympärilleen ja kysyä; miltä työttömästä tuntuu. Miltä tuntuu, kun menettää työpaikan kolmenkymmenen vuoden palvelun jälkeen? He näkevät vain kylmät numerot ei ihmistä niiden takana.

Kaupunginarkisto löytyy Aleksis Kiven kadulta, vastapäätä parkkialuetta. Pysäköin autoni parkkialueelle ja nousemme autosta.

– Minä käyn sillä aikaa kaupoissa, kun olet arkistossa, Ritu sanoo.

Löydän helposti Toveriklubin pöytäkirjat. Ne kertovat, että Tampereella kokoontui kuusi uuden työväenliikkeen nuorta miestä: Westerlund, Eklund, Lindroos, Eklund, Sjöblom ja Hellberg. He perustavat lukuklubin, jonka päätehtävänä oli jäsentensä kasvattaminen laajan työväenaatteen käsittämiseen. Klubi pyrki seuraamaan työväenliikettä omassa maassa. Klubin toiminta kesti puolitoista vuotta, jona aikana se piti 45 kokousta. Klubi otti tarkan harkinnan jälkeen uusia jäseniä. Klubin henki on aatteellinen ja jokainen uusi jäsen otettiin mukaan toverillisesti. Myös sosiaalinen näkemys tuli klubissa voimakkaasti esille. Valituksi tuli muutaman muun lisäksi myös Anselm Saarinen.
,

Vuoden 1898 toukokuussa klubin kokouksessa todettiin, ettei Tampereella ollut yhtään työväenlehteä, joissa voitaisiin julkaista mitään "työmies–piireistä". Toverikunnassa arveltiin, että olisi alettava miettiä itsenäisen lehden perustamista. Anselmin lisäksi ajatusta kannattivat muut paitsi Fihlman, joka epäili, miten asialle saataisiin kannatusta. Filmanin epäillystä huolimatta tällöin luotiin Kansan lehden syntysanat.

Toverikunta toimi Tampereen työväenyhdistyksen jaostona, joka valmisti ja käynnisti työväenliikkeen kannalta tärkeitä hankkeita.

Heinäkuussa 1898 pidettiin yleinen työväen kokous, sekin toverikunnan aloitteesta. Alustajana toimi Anselm Saarinen. Hän ehdotti keskusteltavaksi työväen puoluehallinnon muodostamista. – Puute ilmenee varsinkin näin vaaliaikana, Anselm sanoi ja toivoi "mitä pikimmin oman puoluehallinnon muodostamista". Kokous kannatti yksimielisesti esitystä ja työväenyhdistykselle jäi taas täytäntöönpano. Tämä esitys johti marraskuussa 1898 Tampereen työväenpuolueen hallinnon syntyyn. Työväenyhdistyksen asettama komitea Hallberg, Lindroos, Saarinen– valmistivat laajan kokousohjelman, joka käsitti kymmenen keskustelukysymystä. Myöhemmin hyväksyttiin vielä puoluehallinto ja toimeenpanevan valtuuskunnan ohjesääntö. Paikallisen työväenpuolueen perustamisesta seurasi lopullinen pesäero vapaamielisen suomalaisen ryhmään.

Tampereella työväen lehteä pidettiin niin tärkeänä, että nimettiin kolmihenkinen komitea valmistamaan lehtihanketta. Ehdotettiin, että sen tulee ilmestyä kuudesti viikossa. Lopulta tamperelaisen Kansan Lehden ensimmäinen näytenumero julkaistiin joulukuussa 1898. Perustamishetkellään se oli Suomen kolmas sosialidemokraattinen lehti. Seuraavan vuoden helmikuussa valittiin johtokunta, jonka kaikki miehet olivat toverikunnan jäseniä mukana myös Anselm– isoisäni ja Hellberg, joka toimi puheenjohtajana, sillä lehti painettiin ja toimittiinkin hänen kirjapainossaan.

Kansan Lehden toiminta lähti hyvin käyntiin ja Yrjö Mäkelin tuli vuonna 1900 sen päätoimittajaksi.

Ehdimme Tampereelta kotiin illan suussa. Pihallamme meitä odottaa kukkien tuoksu johon sekoittuu metsän takaa kuuluva mustarastaan polveileva viserrys. Häikäisevä auringonlasku, punaisempi kuin pitkään aikaan, pistää siristämään silmiämme. Pihamme villiviini on aukaisemassa lehtiään ja aurinko värjää ne kullalla.

Tajuan, että viime ajat ovat minulta kuluneet arkistoja koluten ja pöytäkirjoja lukien. Olen väsynyt ja tyytyväinen tiedon määrään, mitä Tampereelta löysin. Olen luottavainen, sillä kaikki tutkimukseni ovat vielä alussa. Tiedän, että minun on luettava monia asiakirjoja ja kirjoitettava niistä lukuisia muistiinpanoja.

Olenko kovin itsekeskeinen sekä poissaoleva, kuten Ritu minulle huomauttaa. Varmaankin, sillä monesti huomaan miettiväni isoisäni ja omaa tarinaani.

13

Kesä on aurinkoisempi kuin edellisenä vuonna. Elokuun puoliväli on ylitetty, sää enteile syksyn tuloa. Tuuli vihmoo sadepisaroita tasaisesti ikkunapeltiin. Herään johonkin epämääräiseen ääneen ja siristän silmiäni. Katson kelloa makuuhuoneemme seinällä. Makaan hetken vuoteessa seuraten, kuinka kellon viisarit lähestyvät aamu kahdeksaa. En ole varma, ehkäpä joku naapurin kolmesta koirasta on haukahtanut vai onko sateen ropina saanut minut hereille.

Olin nähnyt samaa painajaisunta, joka hiukan eri muodoissa aika ajoin toistuu unissani: Juoksen suunnistuskilpailuissa, minulta on kartta hävinnyt, enkä tiedä, minne olen matkalla. Yritän epätoivoisesti paikantaa itseäni, eivätkä muut kilpailijat auta. Toisinaan unessani kompassi tai rastimääritteet ovat kateissa. Se on hölmö tunne.

Vedän peiton korvilleni ja suljen silmäni niin kuin teen usein sunnuntaiaamuisin, kun minulla ei ole kiire minnekään. Ritu nukkuu sikeästi vierelläni. Hänen hengityksensä kuuluu tasaisena ja osittain hänen kasvojaan peittää pari päivää aikaisemmin punertaviksi värjätyt hiukset. Johtuuko painajaiseni viikon päästä Porissa odottavasta pyöräkilpailusta, johon osallistun vai siitä, että tunnen olevani hiukan eksyksissä isoisän tarinan suhteen.

Iltapäivällä seison Keravan hautausmaalla. Nimet erottuvat selvästi suorakaiteen muotoisesta mustasta hautakivestä. Luulen, että isäni olisi halunnut toisenlaisen; viimeistelemättömän, luonnollisen ja rosopintaisen. Nyt kivi on tasapintainen ja kulmikas. Eivät isäni ja äitini särmikkäitä olleet pikemminkin päinvastoin.

Taivaanrannan peittää tummat pilvet, sillä koillisesta lähestyy saderintama. Siellä täällä kynttilät lepattavat ihmisten muistoille. Sytytän valkoisen kynttilän. Sen mieto tuoksu leijuu hetken ilmassa laittaessani sen vihreiden havujen päälle. Kullatuin kirjaimin ristin vieressä lukee Saarinen, sitten seuraavilla riveillä Erkki Johannes, 18.6.1906 – 2.4.1988. Äidin nimi on isän tietojen alapuolella: Brita, 23.1920 – 5.9.1994. Isän kuoltua valitsimme äidin kanssa hautapaikan pienen koivun katveesta. Silloin hautarivissä ei ollut montaa hautaa. Nyt vuosien päästä hautakummut yltivät pitkälle lähelle metsän rajaa.

Siinä hautakummun päässä seisoessani muistan erästä tapahtumaa, kuinka lasiovet avautuivat automaattisesti, kun astuin syksyisenä päivänä Peijas–Rekolan sairaalan avaraan aulaan. Ovea vastapäätä ison, korkean ikkunan edustalle oli sijoitettu viherkasveja. Pääovesta vasemmalla sijaitsi vahtimestarin puolipyöreä vastaanottotiski. Siitä oikealla oli kahvio. Monesti olin käynyt sairaalassa. Käynnit pysäyttivät minut miettimään elämän peruskysymyksiä ja saivat minut alakuloiseksi. Otin muutaman askeleen kohden hissiä. Äkisti katseeni kiinnittyi keskellä aulaa seisovaa Heljä Liukko–Sundströmin taideteosta "Elämän portaat". Olin usein kulkenut sen ohi katsomatta sitä tarkemmin. Teos muodostui eri kerroksista, joiden välillä olivat portaat.

Ihmisiä tuli sairaalaan. Sivuille vilkuilematta he ohittivat, kuten minäkin aikaisemmin, reilun kahden metrin korkuisen veistoksen. Kävelin vahtimestarin luokse ja kysyin esitettä tai tietoja teoksesta.
– Ei meillä ole sellaista.
– Tuo teos sopii hyvin sairaalaan, totesin hiukan pettyneenä ja kiiruhdin kohden hissiä. Vilkaisin vielä teoksen yläosaa. Siinä portaat johtivat viimeiselle raollaan olevalle ovelle. Oven jälkeen ei ole mitään.

Ihmiset kiipeävät elämänsä portaita kukin omaa tahtiaan. Toisille on tärkeää nousta työpaikkansa organisaatioiden tikapuita yhä ylemmäs kohti huippua. Saavuttavatko he kuitenkaan elämällensä aitoa sisältöä? Ei ole ihme, että ajatukseni olivat elämän peruskysymyksissä. Olin menossa katsomaan elämänsä viimeisillä metreillä olevaa äitiäni. Tiesin, että hänen elämänportaiden viimeinen ovi aukeasi kohta.

Äitini ei kiivennyt työelämän organisaatioportaita. Hänen elämänsä pääsisällön täytti perhe ja me hänen lapsensa. Hän kulki omaa tietään uskoen viimeisen oven takaiseen elämään.

Kävelen haudalta mietteliäänä autolleni. Pysähdyn vielä hetkeksi ja katson hautarivejä. On hiljaista. Sillä pyhäinpäivänä muistellaan. Keväällä auringon laskeutuessa hautausmaan mäntyjen taakse mustarastas lauloi lähellä hautaa, aivan kuin niinä keväinä, jolloin asuimme vuokralla vähäisessä omakotitalossa Espoon Bembölessä. Sen pienen mökin ovesta, vain muutaman metrin päässä oli kirkas ja kylmävetinen lähdekaivo. Pihassa kasvoi tukeva tammi, jonka vieressä kukkivat kirsikkapuut. Peki, pieni pystykorvamme, juoksenteli pihalla. Alhaalla laaksossa virtasi joenpahanen, josta keväisin ongimme innolla kaloja. Niin aika on vierähtänyt ja maailma muuttunut, eikä siitä jokipahasesta vuosiin ole saatu kaloja niin kuin silloin 1960–luvun vaihteessa.

Siellä puu–uunin lämmössä, matalassa talossa, jota ympäröi laaja nurmikkopiha, vietin osan lapsuuttani. Nyt rakennuksesta on jäljellä kivijalka ja muistot ajoista vanhempieni sekä sisarusteni Anssin, Pekan ja Kaisan kanssa.

Käynnistän autoni ja suuntaan sen kohden kotia. Päivä tummuu ja taivaalta alkaa sataa vettä. Kaartaessani autoni Hyrylästä kohden Hyvinkäätä ajattelen, kuinka pidän itseäni sitkeänä kestävyysurheilijana. Toisaalta tunnen omat heikkouteni sen verran hyvin, että minulle tulee isoisäni tarinan selvittämisen kanssa kiire, jos en ryhdy toimimaan paremmin. Ei siksi, että selvitykselläni on määrätty valmistumispäivä vaan siksi, että minulta ehkä loppuvat tällä kirjoittamisvauhdilla elinvuodet. Liuskan kirjoittaminen päivässä ei ole vaikeaa, eikä se välttämättä sitä ole, kun vain siihen ryhtyy.

Sateen piiskatessa autoni tuulilasia, mietin isoisääni ja sitä kuinka vuoden 1893 lopussa Anselm ja Matilda muuttivat Mustianojan Nutulle. Täällä heille syntyi huhtikuussa tytär Katri Matilta. Katri kastettiin Tampereella. Myöhemmin Katri kuoli tapaturmaisesti.

14

Rautatietekniikka lehden 25–vuotisjuhlailta on ehtinyt jo pitkälle. Istumme Tervasaaren aitassa, joka sijaitsee lähellä Liisanpuiston takana olevaa Maurinkatu nelosta. Olemme syöneet alkukeiton jälkeen entrecoten ja siirtyneet lettuihin jäätelön kera. Päätoimittaja kilisyttää lusikalla lasiinsa, nousee seisomaan ja aloittaa puheensa.

En keskity siihen, mitä hän sanoo vaan ajattelen, kuinka isoisäni oli perustamassa Kansan Lehteä ja isäni paljon myöhemmin Veikkaaja lehteä. Tuskin kukaan läsnäolijoista tietää, miten Kansan Lehti sai alkunsa toukokuussa 1898. Kansan Lehdellä oli omat synnytystuskansa, samoin kuin oli aikanaan Rautatietekniikka–lehdelläkin, jonka synnytyspuhissa minä olin mukana.

Kansan Lehteä julkaistiin vuoden 1991 loppuun asti eli yli yhdeksänkymmentä vuotta. Niihin vuosiin Rautatietekniikka–lehdellä on vielä pitkä matka, ajattelen samalla kun päätoimittaja lopettelee juhlapuhettaan. Sitten hän katsoo minuun kuin vinkiksi, että minun on vuoro sanoa jotain.

– Nyt Hannu voit muistella lehtemme alkuaikoja, hän hymyilee.

Nousen seisomaan ja tunnen itseni vaivautuneeksi. Olen hetken hiljaa ja yritän rentoutua.

– Uskokaa tai älkää, neljännesvuosisata on niin ihmisen kuin aikakauslehden osalta pitkä aika. Pidän pienen tauon ennen kuin jatkan.

– Voimme hyvinkin muistella tapahtumia, joita meille on sattunut. Samoista tilanteista meillä on varsin erilaisia muistoja. Olen jälleen hetken hiljaa kuin painottaen sanomaani.

– Toimitustyöt minun osaltani alkoivat neljäkymmentä vuotta sitten ollessani "Helsingin Tekun" kurssijulkaisun toimituskunnassa. Vai alkoiko jo paljon aikaisemmin silloin, kun sain koulussa kunniakirjan ainekirjoituksesta "Kuinka maaottelu voitetaan"? Sen jälkeen olen käynyt niin YLE:n radiotyön kuin eri toimittaja– ja lehtityön kursseja sekä toiminut niin Yleisradion kuin eri lehtien avustajana. Tunnen rentoutuvani, seisoessani siinä tutun porukan edessä. Kerron kuinka vuoden 1988 syyskuussa kerrottiin Valtioneuvoston päättäneen jakaa VR:n vaunutilaukset tasan Pasilan konepajan ja Valmetin kesken.

– Samana vuonna painosta tuli myös ensimmäinen Rautatietekniikka–lehti. Nyt 25–vuotta myöhemmin junanvaunuja ei enää rakennetta Pasilassa eikä Valmetin tehtailla mutta Rautatietekniikka–lehti ilmestyy yhä.

Huomaan, kuinka kuulijat hymyilevät. Sitten palaan puheessani lehden syntyaikaan. Aikaan jolloin minulla ei ollut tietoa, että myös isoisäni oli ollut perustamassa lehteä.

– Alusta asti näimme lehden tärkeänä teknisen tiedon välittäjänä.

Huoneen takana joku näyttää siltä, ettei ole kiinnostunut, mitä sanon. Korotan hiukan ääntäni.

– En muista, mistä keksimme, että lehden sivuille haastattelemme eri tahojen päättäjiä ja kansaedustajia. Monia ministereitä ja kansanedustajia tulinkin tavanneeksi, sanon lopuksi.

Istuudun paikalleni ja otan vesilasin käteeni.

Kummallista tämä elämä: isoisä, poika ja pojan poika jokainen omalla aikakaudellaan perustamassa lehteä ja tyttäreni Marjo on toimittamassa oman yhdistyksensä lehteä. Virtaakohan painomustetta sukumme veressä, kuten eräs toimittaja kerran minulle sanoi.

15

Mitä pitemmälle tutkimusmatkani isoisästäni etenee ja saan lisää tietoa hänestä, sitä enemmän ihmettelen, kuinka hän ehti olla mukana niin monessa työväenliikkeen asiassa. Olihan hänellä perhe, kauppa ja maalarin ammatti ja silti hän toimi Kansan Lehden perustamispuuhissa sekä työväenyhdistyksen johdossa ja kierrellen maaseudulla puhumassa työväen aatetta.

Anselmin kaupasta kertoo ilmoitus Työväen joululehdessä 1899:

Jouluksi halvalla! Kaikenlaista Ruoka– ja Sekatavaraa myy Anselm Saarinen Kaivokatu 37, Vellamokatu 13.

Oliko kysymyksessä kaksi kauppaa vai katujen risteyksessä oleva yksi kauppa, sitä en vielä tiennyt.

Anselmi osallistui myös Karkun Palvialan kylän Passin talon pirtissä pidettyyn tilaisuuteen, jossa tupa oli täynnä väkeä. Ennen varsinaiseen asiaan pääsyä laulettiin Maamme–laulu.

–Se kuulosti komealta. Läsnäolijoille tuli oikein kylmiä väristyksiä selkäpiihin, oltiin yhteisrintamassa, samalla asialla työväen joukoissa yhteisen isänmaan puolesta, kertoi myöhemmin eräs paikalla ollut.

– Kuunneltiin, mitä puhuivat tamperelaiset työmiehet Juho Hellberg ja Anselm Saarinen ja muutama muu. Tampereen miehet puhuivat maalaisköyhälistön orjuudesta. Iskivät kipinää pirtin perimmäiseenkin nurkkaan. Puheiden jälkeen olikin aika toimia ja perustettiin Karkun työväenyhdistys.

Periytyykö into olla mukana järjestöelämässä sukupolvelta toiselle? Olimmehan isoisäni Anselm, isäni ja minä toimineet erilaisissa järjestöissä monella tavalla. Isäni urheiluseuratoiminnassa ja ennen kaikkea jääkiekossa, jossa hän toimi jopa maajoukkueen valmentajana, isoisäni työväenliikkeessä ja osuuskappatoiminnassa ja minä niin urheilussa kuin ammattiyhdistysliikkeessä. Ehkä sama vimma kuin Anselmilla ajoi myös minut vuosikymmeniä myöhemmin toimimaan ehkä liiankin kanssa.

Kun nyt liki seitsemänkymppisenä katson peruutuspeiliin ja muistelen mennyttä aikaa ja muistoja omasta toiminnasta järjestöelämässä, huomaan selvästi, kuinka nuoruuden intomielinen ja vilpitön – joskus jopa lapsellisen naiivi usko yhteiseen asioiden hoitoon on ajatuksissa muuttunut.

Huomasiko isoisäni 1900–luvun alussa niin ammattiyhdistysliikkeen kuin poliittisen toiminnan "pimeät" puolet? Aavistiko hän, että suunta johti vääjäämättä johonkin sellaiseen, mitä hän ei halunnut. Ehkäpä juuri Yrjö Mäkelinin radikaalit ajatukset saivat Anselmin muuttamaan niin maantieteellisesti kuin poliittisesti toisaalle. Vai oliko niin, että vuosikymmenen uurastus alkoi vaatia veronsa myös Anselmin terveyden osalta. Entä miten Anselmin perhe suhtautui hänen tekemisiinsä. Minkälaisia ajatuksia hänellä oli ja havahtuiko hän ajoissa huomaamaan myös oman perheensä merkityksen? Kysymyksiä on paljon, vailla vastauksia. Minun on vain jatkettava tutkimusmatkaani.

16

Joskus 1800–luvun lopulla Tampereen Työväenyhdistyksen puheenjohtaja Törnqvist ei halunnut ymmärtää, että työväenpuolueen ohjelma oli oikea keino isänmaan onnen ja menestyksen saavuttamiseen ja hän pyysi eroa. Erityisesti hän oli loukkaantunut "eräälle isännöitsijälle, eräälle kauppiaalle ja eräälle kirjanpainajalle" – Enqvistille, Saariselle ja Hellbergille.

Jo vuonna 1893 oli esitetty, että ryhdyttäisiin puuhaamaan Tampereen työväenyhdistykseen lisärakennusta. Työväenyhdistyksen talossa toiminta oli lisääntynyt ja monipuolistunut nopeasti. Vuosina 1896 –1899 neljä viisi komiteaa ehti pohtia talon laajennusta. Vuonna 1899 huomattiin, että huvitoimikunnan toiminta oli vaikeinta, koska jouduttiin turvautumaan vieraisiin tiloihin ja maksamaan niistä kallista vuokraa.

Anselm oli mukana, kun toukokuun alussa 1899 vihdoin valittiin rakennuskomitea, johon tulivat hänen lisäkseen muutama muu henkilö, myös Juho Hellberg. Komitea ehdotti rakennettavaksi kolmikerroksinen rakennus rakennusmestari H. Tiitolan piirtämän rakennusluonnoksen mukaan ajatellen yhdistyksen tulevaa tarvetta. Kaksi ylimmäistä kerrosta riittäisivät täysin yhdistyksiä ja osastoja varten, alimmaiset voitaisiin vuokrata asuin– ja liikehuoneistoiksi. Tiitola arvioi rakennuskustannusten olevan noin 110 000 markkaa. Ehdotus hyväksyttiin ja päätettiin ryhtyä rakennuspuuhiin. Lippuäänestyksellä valittiin rakennuskomitea, tosin "ikävänlaisen kiistelyn perästä". Rakennuskomiteaan tulivat valituksi: Saarinen, Lagerström, Mattsson, Hellberg ja Niemisen tilalle B.V.From.

Samana vuonna Tampereen työväenyhdistyksessä huomattiin, että yhdistyksen talon ravintolaliike "oli sangen tuottavaa ja jättää harjoittajalleen melkoista voittoa". Ehdotettiin, että ravintolanhoitaja on sanottava irti ja ravintola luovutettava yhdistyksen omaan huostaan. Jälleen valittiin komitea (Lindroos, Saarinen ja Fihlman) hoitamaan ja valvomaan ravintolaliikettä. Mielenkiintoinen komitea ja mielenkiintoinen tehtävä: se ryhtyikin heti toimiin palkkaamalla emännöitsijäksi Mimmi Mäkisen ja osti ravintolakalustoa liki 400 markalla. Ravintola menestyi niin hyvin, että komitea maksoi yhdistyksen valaistuksen ja luovutti vielä yhdistykselle vuoden päästä 800 markkaa, joten yhdistyksellä oli aihetta lausua vilpitön kiitos talouskomitealle.

Tampereen työväentalon laajennuksen rakennustyö kesti vuoden ja rakennuksen vihkimisjuhlaa vietetettiin marraskuussa1900. Tiitolan piirtämän talon sisäänkäynnin yläpuolella komeili Kansan Lehden kyltti. Rakennukseen asennettiin vesijohto, viemäri ja sähkövalo.

Työväentalosta muodostui myöhemmin varsin merkittävä ja monen tapahtuman paikka. Vladimir Lenin ja Josef Stalin tapasivat ensimmäistä kertaa toisensa Tampereella. Kohtaaminen tapahtui työväentalossa vuonna 1905 Venäjän vallankumouksellisten salaisessa kongressissa. Jos tamperelainen toimittaja John E. Zidbäck ei olisi varoittanut bolsevikkeja tsaarin salaisesta poliisista ohranasta, joka oli junassa matkalla Helsingistä Tampereelle pidättämään vallankumouksellisia, "maailma voisi nykyään näyttää hieman toisenlaiselta".

17

Järjestö– ja ammattiyhdistystoimintaan tullaan mukaan monella tavalla; joskus se on vain pelkkää sattumaa. En tiedä, miten Anselmi otti ensiaskeleet järjestökentässä. Jokin osuus siinä oli Juho Hellbergillä. Minä jouduin aikanaan ay– järjestöhommiin sattumalta. Ehkä en vain osannut oikealla hetkellä kieltäytyä. Se tapahtui jossain vaiheessa 1970– luvun loppupuolella, kun silloinen esimieheni pyysi minua VR Teknilliset Toimihenkilöt ry:n sihteeriksi. Yhdistyksen jäsen olin ollut jo muutaman kuukauden ajan. Onneksi ihminen ei tiedä tulevaisuuttaan. Hän toimii sen mukaisesti, kuin tuntee parhaaksi. Nyt tuntuu, että kaikkien asioiden vain täytyy tapahtua. Niin myös ay–toimintani alkaa kuin sattumalta:

– Haluatko tienata lisää rahaa? silloinen esimieheni katsoi minua kysyvästi.

– Miten, kysyin.

– Yhdistys tarvitsee sihteeriä ja siitä maksetaan palkkio, hän sanoi. Suostuin sihteeriksi. Myöhemmin minulle selvisi, että korvaus oli vain parisenkymmentä markkaa kuukaudessa.

Esimieheni toimi Rautatien Teknillisten Yhdistysten Liitto RTYL ry:n sihteerinä. Tähän liittoon myös pieni rataosaston yhdistyksemme kuului. Kun esimieheni sairasteli, jouduin paikkaamaan häntä hallituksen kokouksien pöytäkirjasihteerinä. Myöhemmin minut valittiin sen liiton sihteeriksi.

Muistot järjestötoiminnasta nousevat yhä selvemmin mieleeni. Eivät niinkään tarkat yksityiskohdat vain jotkut erilliset tapahtumat.

Vuonna 1980 RTYL:n perustamisesta oli kulunut 25 vuotta, kun esitin liiton puheenjohtajalle ja liiton hallitukselle juhlakirjan tekemistä siten, että se kustannettaisiin mainoksilla. Kirja olikin taloudellisesti menestys ja ensimmäinen siinä vuosikirjojen sarjassa, joita tein.

Muistan, kuinka ensimmäisen kerran kävin VR:n pääkonttorissa toimihenkilöiden palkkausasioista neuvottelemassa ja opin, että olisi syytä pitää neuvottelun tuloksesta pöytäkirjaa.

– Terve, mitäpä Hannulla on asiaa, konttoripäällikkö tuli työpöytänsä takaa ja ojensi kätensä. Hän oli minun mittaiseni ja hänen harmaantunut tukkansa kertoi, että hän lähestyi eläkeikää. Hänen kravattinsa sopi tummaan pukuun.

– Päivää. Tulin puhumaan kavereiden palkkausasioista, vastasin hiukan arasti. Olinhan ensimmäistä kertaa asialla. Konttoripäällikkö ohjasi istumaan. Sanoi vielä jotain yleistä ja katsoi siten kysyvästi.

– Näiden kolmen henkilön palkkaus on selvästi jäljessä. Heille pitäisi saada korjausta, esitin ja perustelin esitystäni.

– Vai ei sinulla muuta murhetta ole. Se asia on helposti korjattu, konttoripäällikkö vastasi ja hymyili ystävällisesti. Puhuimme vielä muutaman sanan, ennen kuin hän ohjasi minut huoneestaan. Pääkonttorista lähtiessäni ajattelin, kuinka helppoa tämä edunvalvonta oli. Petyin pahasti. En tiennyt pelin henkeä. Kului kuukausi ja vuosi mutta korjausta palkkoihinsa eivät kaverit saaneet.

Paljon myöhemmin ymmärsin, että yhdistyksemme oli saatava yhteiseen suurempaan järjestöön. Vuodesta 1984 muodostuikin mielenkiintoinen. Olin VR Teknilliset Toimihenkilöt ry:n puheenjohtajana työryhmässä, jossa tehtiin töitä hartiavoimin, jotta kaikki rautatiellä työskentelevät teknikot saataisiin saman yhdistyksen jäseniksi. Lopulta 10.11.1984 päästiin Helsingin Messukeskuksessa pidettävään uuden yhdistyksen perustamiskokoukseen. Paikalla on yli sata teknistä ympäri rataverkkoa. Allekirjoitin yhtenä perustajajäsenenä yhdistyksen perustamisasiakirjan.

Jostain syystä tuo Helsingin Messukeskuksen tapahtuma aukeaa muistissani, kuin jokin lukko avatuisi: olinhan minä siellä ja olenhan minä nyt yhdistyksen kunniajäsen.

Minut valittiin hallituksen kokouksessa yhdistyksen ensimmäiseksi sihteeriksi. Tehtävää hoidinkin muiden järjestötehtävien ohella useita vuosia, kunnes eräässä vuosikokouksen jälkeisessä hallituksen järjestäytymiskokouksessa huomasin yllätyksekseni, ettei minulle ollut enää käyttöä yhdistyksen sihteerinä. Menettely ja se tapa, jolla sihteerivaihdos tehtiin, mietityttää. Ehkäpä jollakin muullakin kuin vain minulla, olisi peiliin katsomisen paikka.

Jatkoin silti yhdistystoiminnassa. Osallistuin VR Teknilliset VRT ry:n toimintaan ja sen hallitustyöskentelyyn. Minulle lankesi tiedotustoimikunnan vetäminen sekä työsuojelutoimikunnan jäsenyys. Minut nimettiin liittomme työsuojelun erityisvaltuutetuksi. Muiden liittojen erityisvaltuutettujen ollessa päätoimisia minä hoidin hommaa oman toimen ohella, eikä se ollut aina helppoa. Hakkasin työturvallisuusasioissa päätäni seinään ja paloin tavallaan loppuun. Tein oman ratkaisuni ja jätin työsuojelu– ja sosiaalikysymykset vähemmälle. Niiden aika ei toimihenkilökentässä valitettavasti vielä silloin ollut.

Keskityin Rautatietekniikka–lehden kehittämiseen. Toiminta lehden päätoimittajana antoi mahdollisuuden kehittyä myös itse ja saada toimittajakokemusta sekä eri haastattelujen yhteydessä vaikuttaa osittain päättäjien asenteisiin rautatie– ja liikennepoliittisissa kysymyksissä.

Joillekin henkilöille kasaantuu edustuksellisia järjestötehtäviä. Pääsin edustamaan niin VR Urheilun, Rautatieläisten Matkailuyhdistyksen kuin Pääjohtaja Roosin säätiön hallituksissa.

Kun jollekin edustajalle tulee järjestötehtäviä, joutuvat muut työpisteen kollegat valitettavan usein tekemään edustajansa varsinaiset työt. Se saattaa herättää katkeruutta.

– Taasko se lähtee hotelliin juhlimaan, saattaa selän takaa kuulua sanottavan. Herää kysymys, miksi näihin "juhliin" ei kuitenkaan haluta tulla mukaan. Kokemuksesta voin sanoa, että harvoin se on juhlaa. Se on viikonloppuja pois perheen luota, myöhäisiä iltoja, väsymystä, jopa toiselta puolen osaltaan arvotuksen puutetta.

Lähtemiseni urheiluseuratoimintaan on oma tarinansa. Innostukseni juoksuun 1970–luvun lopulla alkoi hiipua, sillä aavistan, ettei minun perimä ollut kestävyysurheiluun sopiva. Jatkoin silti harjoittelua. Panostin intoni urheiluseura– ja valmennustoimintaan. Helsingin Kisa–Toverien johtokunnan jäsenenä kouluttauduin valmennuksen ja seurajohtamisen eri kursseilla.

Intoa minulla oli ehkä liikaa ja perhe–elämä kärsi, vaikka sitä en silloin huomannut. Ajattelinko minä edes sitä? Pyrin saamaan arvostusta, jota en työssäni silloin saavuttanut. Minulla oli tarve saada jotain aikaan ja urheiluseuratoiminta antoi siihen mahdollisuuden. Nyt minulla on huono omatunto, kun muistelen sitä aikaa. Vaikka yritän torjua ajatuksen, silti se putkahtaa mieleeni.

Uskoin myös puhtaaseen huippu–urheiluun ja pyyteettömään urheiluseuratoimintaan, mutta vuodet muuttivat käsitykseni. Kyllä minä sen muistan, että Suomessa otettiin oppia Itä–Saksasta. Vaikka huippu–urheilulla on omat pimeät salaiset puolensa, olen sitä mieltä, että liikunnalla ja urheilulla on positiivista merkitystä ihmisten hyvinvoinnille.

Vuosien varrella minulla on järjestöelämässä ollut mukaviakin hetkiä. Monen karvaan kalkin kautta olen joutunut myös nöyrtymään, katsomaan peiliin ja toivottavasti myös jotain oppinut.

Mitä kaikkea sitten eri järjestöissä toimimisella olen saanut aikaan, se jääköön muiden arvosteltavaksi. Vaikka joskus tuntuu vaikealta, niin varmaan myös monet positiiviset tapahtumat ja muistot korvaavat ne muutamat sysimustat hetket. Muuten en olisi jaksanut neljännesvuosisataa eri järjestötehtävissä.

– Aikaa myöten opit kävelemään hiljaa, ennusti eräs työkaverini, kun nuorena kehuin juoksulenkeilläni. Valitettavasti nyt on lähellä se aika.

Minkälaiset olivat minun tunteeni sinä aikana, kun yritin uskotella itselleni, että järjestötoiminta on tärkeää? Vasta nyt vuosikymmeniä myöhemmin, muistellessani tuota aikaa luulen ymmärtäväni, etten vain voinut tapahtumille mitään. Ne tapahtumat tulivat eteeni ja johtivat aina seuraavaan. Omat tavoitteeni vetivät minua eteenpäin, kuin olisin ollut riivattu ja perhe–elämäni kärsi.

Ehkäpä myös Anselm tunsi ja toimi samalla tavalla.

18

Minun pitäisi kirjoittaa omia muistelmiani. Edessäni on liuta pöytäkirjoja, jotka kertovat työväen osuuskauppa–aatteen syntyvaiheista ja niissä isoisäni Anselmin tarina pyrkii tulemaan esille.

Eräänä päivänä hän oli kokouksessa, jossa Tampereen työväenyhdistyksen rakennuksen laajentamista varten valittiin komitea ja jossa keskusteltiin myös osuuskauppatoiminnasta.

Luen pöytäkirjoja lisääntyvän kiinnostuksen vallassa. Näyttää yhä selvemmin siltä, että Anselm oli voimakkaasti mukana Tampereen työväenliikkeessä. Huomaan, kuinka monet asiat etenivät hitaasti. Minulle ei kuitenkaan selviä se, mitä muuta Anselmi teki, miten hänen perheensä eli ja missä he asuivat?

Eräässä toisessa kokouksessa osuuskauppa–aatteesta alusti puuvillatehtaan värjäri Hermansson. Hän selvitti, mitä hyötyä muissa maissa osuuskaupoilla oli saavutettu.

– Jos milloinkaan niin näin kalliina aikana olisi tilaisuus perustaa osuuskauppoja. Kaikki kun maksaa niin paljon. Kauppiaita tulee kuin sieniä sateella, heidät kaikki meidän on elättäminen.

Myös kauppias Anselm Saarinen osoitti laskelmin, mikä merkitys osuuskaupalla olisi esimerkiksi Tampereen Tammelan kaupunginosassa. Mutta miksi isoisäni Anselm kauppiaana oli osuuskauppatoiminnan kannattaja, ei minulle selviä. Ehkäpä hän kauppiaana näki osuustoiminnan uutena mahdollisuutena kehittää kauppatoimintaa kaikille osapuolille kannattavampaan suuntaan. Ehkä hänellä oli mielessään myös eettinen näkökulma työläisiä kohtaan.

Kokouksen toistasataa osanottajaa olivat yksimielisiä osuuskaupan perustamisesta. Sitä eteenpäin viemään valittiin työryhmä, johon nimettiin myös Anselm. Komitea esittikin jo saman vuoden marraskuussa työväen yleiselle kokoukselle Tampereen Työväen Osuuskauppayhtiölle sääntöehdotuksensa. Säännöt laitettiin Kansan Lehteen ja aloitettiin osakkeiden myynti.

Heti alkuun ilmeni vaikeuksia ja kaupan perustaminen ei edennyt. Lopulta vuoden 1900 heinäkuussa järjestettiin Tampereen Osuuskauppayhtiön osakkeen merkitsijäin kokous. Kokouksessa oli läsnä kaksikymmentäyksi osakkeen merkitsijää. He edustivat 34 osaketta.

– Onko tarpeellisena lakkauttaa osuuskauppahanke, koska se ei näytä saavan laajempaa osanottoa ja maksetaan kertyneet varat merkitsijöille takaisin, vai vieläkö jatketaan toimintaa? kokouksen puheenjohtaja Juho Suominen kysyi.

Kysymys herätti kovaa keskustelua siitä, miten toimintaa tulisi jatkaa. Anselm ei tiennyt muuta neuvoa kuin entistä suuremmalla innolla ryhtyä osakkeita kauppaamaan ja merkitsemään.

– On saatava kokoon 5000 markan pääoma. Sillä voidaan hyvin toiminta alkaa, hän sanoi, ja piti sopivana, että toiminta alkaisi jo syksyllä, jos vain mahdollista.

Toimiko Anselm tässäkin itselleen tyypillisellä tavalla? Oliko hän periksiantamaton ideoiden eteenpäin viejä vai ajoiko häntä eteenpäin oivallus osuuskauppatoiminnan mahdollisuuksista.

– Tokko näin huonoina raha–aikoina saadaan tarpeellinen määrä osakkeita kaupaksi, puolestaan eräs osanottajista epäili. Hän ei kuitenkaan vastustanut ajatusta.

Oltiin yksimielisiä siitä, että toiminta alkaa niin pian kuin saadaan lopullinen määrä varoja, jos mahdollista jo syksyllä. Johtokunnalle myönnettiin valtuudet aloittaa alustavat työt ja hankkia säännöille vahvistus sekä laatia suunnitelma kaupan aloittamiseksi, josta kuitenkin merkitsijäin kokous lopullisesti päättäisi.

Työväen osuuskauppa–asia eteni. Oli päästy jo huhtikuun puolelle vuonna 1901 mutta näytti siltä, että nyt vaikeudet vain lisääntyivät. Eräs jäsen ilmoitti haluavansa saada rahansa takaisin. Toimikunta ei kuitenkaan huomioinut pyyntöä, koska osuusmerkitsijäin kokous ei ollut sille tällaista valtaa antanut. Toimikunta ryhtyikin, sinä aikana kun odotettiin sääntöjen vahvistusta, puuhaamaan jo yhteisostoja. Muutama henkilö otti sen järjestääkseen. Myös yhteisostot kohtasivat esteitä ja eräs jäsen kysyi, olisiko ostokset kokonaan lakkautettava. Tätä ei kuitenkaan pidetty suotavana, vaan päätettiin niitä edelleen jatkaa. Mahdolliset alennukset päätettiin jakaa. Koska yhteisostoja jatkettiin, pyydettiin työväenyhdistyksen johtokunnalta lupa saada käyttää yhdistyksen talossa olevaa alakerran huonetta tai makasiinia jakelupaikkana. Kansan Lehti mainosti puolestaan uutta yritystä. Lehti kertoi 24. maaliskuuta: *"Osuuskunnan yhteisostoliike on jo alkanut. Tavaroita on tilattu koko lailla ja eilen illalla tapahtui ensimmäinen jako työväen talolla; Kahvia, sokeria, tupakkia, ryynejä, vehnäjauhoja ym. käsittivät tilatut tavarat. Hiukan halvemmalla tulivat ostajat saamaan jo tavaransa, vaikka yhteisosto olikin niin pienieräinen."*

Sanomalehtien välityksellä tieto levisi Tampereen osuuskaupoista ja yhteisostoista. Ennen pitkää alkoi Työväen Osuuskaupalle tulla pyyntöjä yhteisostokuntien järjestämisestä eri paikkakunnille. Hyöty yhteisostoista tuskin oli kovin suuri. Niiden tekeminen kuvaa suurta innostusta, joita hankkeen vetäjissä oli.

Kesäkuun lopulla pidettiin toimikunnan kokous, jossa puhetta johti Anselm. Hän kertoi tehneensä sopimuksen.

– Olen tehnyt sopimuksen Asunto–osakeyhtiö Sovinnon kanssa puodin, kamarin, makasiinin ja kellarin vuokraamisesta neljänkymmenen markan kuukautista vuokraa vastaan. Saamme ne käytettäväksi ensimmäisestä päivästä elokuuta alkaen.

Toimenpide hyväksyttiin ja Työväen Yhdistyksen säästökassasta sanottiin "ylös" rahat heinäkuun puolivälissä.

Entisestä maalarista oli kehittynyt kauppias ja liikemies. Seuraavassa kokouksessa Anselm johti jälleen puhetta. Esillä oli kaupanhoitajan valinta. Ensiksi kaksi hakemusta hylättiin yksimielisesti. Sitten johtokunta luki uudelleen Kaarlo Jokisen ja Matti Pekarin hakemukset. Asiasta keskusteltiin ja lopulta myös äänestettiin. Anselm ja Stenfors olivat Jokisen kannalla, mutta Suominen, Mäkelin, Tila ja Vuolukka äänestävät Pekuria, joka tuli valituksi kaupanhoitajaksi. Virka oli otettava vastaan elokuun ensimmäisenä päivänä. Oli kulunut yli puolitoista vuotta ensimmäisistä kokouksista, joissa osuuskauppaa oli alettu suunnitella, ja nyt tehtiin päätös kaupanhoitajasta.

Uusi ajanjakso alkoi lopulta, kun Osuuskaupan perustava kokous pidettiin 24.7.1901. Ensimmäiseen johtokuntaan valittiin muurari Anton Lagerström, toimittaja Yrjö Mäkelin, muurari Aleks Nieminen, kauppias Anselm Saarinen, vahtimestari Theodor Suominen, puuseppä Matti Vuolukka ja maalari Viktor Westerlund. Johtokunnan jäsenten lisäksi paikalla oli myös yhdistyksen kaupanhoitajaksi valittu Matti Pakari.

Petäjäniemi oli edellisessä kokouksessa tehdyn pyynnön mukaisesti tehnyt yhdistyksen tilinpäätöksen.

– Kuinka suuri pääoma yhdistyksellä on käytettävissään, tiedusteli kaupanhoitaja Pakari. Kuultuaan, että se oli ainoastaan 800 markkaa, hän sanoi, ettei voi sillä aloittaa kauppaa, koska häntä ei tunneta paikkakunnalla.

– Minä voin avustaa tavaroiden hankinnassa. Luottoa voisin saada, jos johtokunta kokonaisuudessaan menee takaukseen, Anselm ehdotti.

Johtokunta ei voinut ryhtyä jäsenyytensä määräaikaisuuden vuoksi minkäänlaiseen takaukseen. Myöhemmin Anselm ja kaupanhoitaja Pakari kävivät kaikissa paikkakunnan huomattavimmissa tukkukaupoissa kysymässä, voisiko yhdistys saada luottoa, mutta joka paikassa annettaan kielteinen vastaus.

Koska yhdistys ei voinut aloittaa kauppaa siinä muodossa, kun alkujaan oli suunniteltu, päätti johtokunta erottaa kaupanhoitaja Matti Pakarin. Samalla johtokunnan jäsenet tiedustelivat Anselmilta, ottaisiko hän vastaan kaupanhoitajan tehtävät ja hankkisi yhdistykselle luottoa omalla vastuullaan.

– En ole asiaa alkuaan ajatellut mutta, jos johtokunta ei tässä mitään muuta keinoa keksi, niin kyllä ainakin toistaiseksi, mikäli voin asian eduksi vaikuttaa, Anselm vastasi.

Näin valittiin Anselm Saarinen Tampereen työväenyhdistyksen kaupanhoitajaksi. Kauppa–apulaiseksi otettiin hänen ehdotuksestaan neiti Impi Mäkelin viidenkymmenen markan kuukausipalkalla.

Osuuskaupan ensimmäinen myymälä aloitti "Amorian maassa" Makasiinikatu 8:ssa elokuun 1. päivänä 1901. Kauppias Anselm Saarisesta tuli Tampereen Työväen Osuuskaupan kaupanhoitaja. Hänellä itsellään saattoi samaan aikaan olla kauppa, ellei kaksikin. Oliko hänellä ideologisia vai taloudellisia ajatuksia? Voidaan vain arvella, että taustalta löytyi varmaan molempia, koska hän ei lähtenyt laajentamaan omaa toimintaansa, vaikka tarvetta uusiin kauppoihin Tampereella oli.

19

Mitä pidemmälle aikaa kuluu, sitä useammin epäilen, etten saisin selvitettyä isoisäni koko tarinaa. Minun tietoni Anselmin elämänkaaren kuvaamiseksi, ovat vieläkin kovin puutteelliset. Samoin oman elämäni muistojen pienet palaset olivat kirjoittamatta.

Eräänä päivänä katson tietokoneeni näyttöä ponnistellen enemmän tekemisen tuskasta kuin huoneen lämpötilasta ja tajuan, että lopulta aikaa ei minulla ole hukattavaksi. Viikot ja kuukaudet kuluvat enkä saa juuri mitään aikaiseksi. Luen innolla pöytäkirjoja, silmiini osuu lauseita, nimiä ja päätöksiä. Monet mitättömältä vaikuttavat tapahtumat ja merkinnät, joita on kirjattu, kuvaavat peitellysti myös henkilöiden luonteita ja tapahtumia. Tiivis, lakoninen pöytäkirjateksti ilmaisee paljon enemmän kuin olen ehtinyt alkuun tajuta. Minun on muutettava suhtautumistani tekstiin, on pysähdyttävä miettimään jokaisen merkinnän kohdalla läsnäolijoiden luonne– ja tunnekysymyksiä. Minun tulee tehdä johtopäätöksiä ja on kuviteltava tilanteita. Näin ajatellen nämä työväenliikkeen aktiivit tulevat nopeasti minua lähemmäksi. Heidän piirteensä avautuvat ja hahmottuvat henkilöiksi.

Tajuan, että henkilöt ovat oikeasti eläneet ja tilanteet, jotka pöytäkirjoihin on kirjoitettu, ovat todella joskus tapahtuneet. Ehkäpä sittenkin saatan onnistua menneiden asioiden kertomisessa.

Tiedän, että Tampereen työväen osuuskaupan toiminta lähti käyntiin, elokuun kymmenes päivä vuonna 1901 pidetyssä osuuskaupan johtokunnan kokouksessa ja Anselm oli nyt kaupanhoitajan roolissa. Hänellä oli omakohtaista kokemusta kauppiaana olemisesta. Jotkut pitivät häntä lupsakkana miehenä, joka oli onnistunut saamaan tukkukauppiailta luottoa. Anselm saikin pian myös kaupan kuntoon.

Tavarat hän osti yhdessä toimittaja Mäkelin kanssa ja niin yhdistyksen ensimmäinen kauppa voitiin avata elokuun 6. päivänä Makasiininkatu kahdeksassa. Siinä oli puoti ja pieni varasto. Tavarat mahtuivat hyvin varastohuoneeseen. Puodissa oli "vinkkelitiski" ja raput. Puotiin mahtui juuri ja juuri kolme henkilöä, mutta pienet olivat alkuun asiakkaiden ostoksetkin.

Toimintaa voitiin edelleen kehittää. Anselmi seurasi, mitä ympäristössä tapahtui. Hän oli kiinnostunut myös kauppatoiminnan laajentamisesta. Yhdistys lähtikin laajentamaan liikettä.

– Pispalan työväki on yhteisesti pyytänyt, että yhdistys avaisi kaupan Pispalassa, sillä siellä on puute kunnollisista kaupoista, hän ehdotti.

Tähän pyyntöön suostuttiin. Kauppa päätettiin avata niin pian kun vain sopiva liikehuoneisto saataisiin. Samoin Tammelan kaupunginosassa päätettiin avata myymälä vielä syyskuun kuluessa.

– Olen tiedustellut Tammelan kaupunginosasta huoneistoa Kaivokadun varrelta numero 36:sta, jossa olisi vuokrattavana puoti, konttorihuone, makasiini ja kellari 55 markan vuokraa vastaan kuukaudessa, Anselmi ehdotti johtokunnalle, joka valtuutti hänet vuokraamaan huoneiston.

Lisäksi Anselmi kertoi vakuuttaneensa yhdistyksen kauppavaraston ja kaluston 4000 markasta palovakuuttaja Pohjolassa. Hän myös pyysi merkittäväksi pöytäkirjaan, että luopui yhdistyksen johtokunnan jäsenyydestä.

Näytti siltä, että hän koki ristiriidan johtokunnan jäsenenä olemisen ja kaupanhoitajan tehtävän välillä.

Osuuskaupan toiminta laajeni. Anselm vuokrasi yhdistykselle Pispalasta liikehuoneiston koneenkäyttäjä Snellin talosta. Vuokra oli 26 markkaa kuukaudessa. Se sisälsi kolme huonetta keittiön sekä ulkohuoneet. Yhdistyksen tuli pitää huoli puodin sisustuksesta. Hän vuokrasi myös talonomistaja Ruuskalta Kaivokatu 36 liikehuoneiston. Huoneiston yhdistys sai haltuunsa syyskuun ensimmäisenä päivänä. Lisäksi Anselm sijoitti yhdistyksen rahoja Suomen Yhdyspankkiin.

Kilpailu kauppaliikkeiden välillä Tampereella koveni. Yksityiset kauppiaat, osuuskauppaa vahingoittaakseen, alensivat muutamissa tavaralajeissa hintoja. Osuuskaupan johtokunnan keskuudessa pohdittiin lähtisikö osuuskauppa myös alentamaan hintoja. Perusteellisen keskustelun jälkeen päätettiin pitää tinkimättömät ja vakaat hinnat, huolimatta yksityisten kauppiaiden tilapäisistä hinnan alennuksista. Silti Anselm kantoi huolta kauppojen tulevaisuudesta. Hän toi esiin, että yhdistyksen pääoma oli sangen pieni, niin pieni, ettei sen nojalla voinut toimintaa laajentaa vaan täytyi keksiä muita keinoja.

– Kun kuitenkin nyt olemme päättäneet liikettä laajentaa, on välttämätöntä hankkia yhdistykselle jokin suurempi rahalaina esimerkiksi 3000 markkaa. Ehdotan, että pyydetään sitä Tampereen työväenyhdistyksen säästökassalta, koska sinne tiettävästi tulee rahoja aika paljon, ja sieltä voidaan tämän kaltainen laina myöntää, Anselmi esitti. Lisäksi hän suositteli, että yhdistys laittaisi jonkun asiantuntevan henkilön kiertämään maaseudulla ruokatavaran ostajana, koska ruokatavaran kauppa tulevaisuudessa oli välttämätöntä.

Anselmin palkaksi on määritelty 150 markkaa kuukaudessa. Sen lisäksi hänelle annettiin oikeus teettää yhdistyksen kirjanpito yhdistyksen kustannuksella. Keskusteltiin takauksen vaatimisesta Anselmilta. Käy selville, että hän on jo yli 10 000 markan edestä takaamassa yhdistystä, niin takaus katsottiin tarpeettomaksi.

– Erotessani en tule jättämään yhdistystä pulaan, mikäli asiat minusta riippuvat, Anselm vakuutti.

Painatettiin lentolehtisiä, joita levittiin maaseudulle. Anselmilla oli mahdollisuus oman harkintansa mukaan tehdä matkoja maaseudulle yhdistyksen kustannuksella. Hänellä oli myös oikeus ottaa tämän tapaisille matkoille kumppanikseen joku sopiva henkilö. Matkat olivat tarpeellisia, sillä Hämeenlinnan ja Karkun työväestö pyysi yhdistyksen kaupanhoitajaa järjestämään heille yhteisostokunnan. Niinpä Anselmi ja puheenjohtaja lähtivätkin matkalle.

Yhdistyksen liiketoiminta kasvoi niin, että pääkaupan huoneisto osoittautui liian ahtaaksi. Yhdistyksen ensimmäisestä myymälästä jouduttiin ottamaan väliseinä pois ja yhdistämään konttorihuone myymälään. Uusi konttorihuoneen saatiin samasta talosta. Samaan aikaan katsottiin välttämättömäksi ottaa yhdistyksen palvelukseen kirjanpitäjä.

20

Olen päässyt selvityksissäni vuoteen 1901, jolloin Tampereen työväen osuuskaupassa elettiin alkuaikoja. Aika on vierähtänyt joutuin ja ajattelen jättää historian tutkimisen vähäksi aikaa. Laitan pöytäkirjat samaan paikkaan, josta olen ne yli kolme tuntia aikaisemmin ottanut. Silti ajatukseni pyörivät vielä yli sadan vuoden takaisissa tapahtumissa.

Tampereen Työväen Osuuskaupan toiminta eteni vaikeuksien kautta. Anselm Saarinen tilasi tavaroita Helsingistä Gustaf Pauligin liikkeestä, koska ne sieltä tilattuna tulivat huomattavasti halvemmaksi.

–Mainittu firma ei nykyisin myönnä luottoa uusille kaupoille, eikä myöskään Osuuskauppayhdistykselle, Anselm kertoi ja kysyi johtokunnalta, saisiko tilatessaan käyttää omaa nimeään.

– Asialla ei ole muuten mitään väliä paitsi se, että tilintarkastuksessa tulee esille, että laskut ovat kirjoitettu minun nimelle. Johtokunta hyväksyi hänen aloitteen. Johtokunnassa nousi esille kysymys, kuinka muutamat työväen johtomiehet arvostelivat osuustoiminnan lamaannuttavan varsinaista työväenliikettä. Anselmin pyynnöstä keskusteltiin, oliko osuustoiminta haitaksi työväenliikkeelle.

–Olen useilta tahoilta kuullut, että Yrjö Mäkelin on useamman kerran sanonut, että osuustoiminnasta on haittaa varsinaiselle työväenliikkeelle. Asia on nyt vihdoinkin perusteellisesti selvitettävä, että osuustoiminta lopetetaan, jos se todella tuottaa haittaa, Anselm korosti painokkaasti.

– Olen ajatellut ilman muiden hyväksyntää ääneen asiaa, Yrjö Mäkelin vastasi ja selvitti seikkoja, miksi hän on niin tehnyt. Asiasta keskusteltiin johtokunnan kokouksessa pitkään. Lopulta katsotttiin, ettei ryhdytä mihinkään toimenpiteisiin.

Osuuskaupan johtokuntaan kuulunut toimittaja Yrjö Mäkelin oli alkujaan tamperelaisen suutarin poika, jolla on vaalearuskea tukka, hoidetut viikset, kolmiota muistuttava nenä. Hän oli vuotta Anselmia vanhempi. Aluksi hän oli selvästi osuuskauppahankkeen takana. Näytti kuitenkin siltä, että hänellä oli omien poliittisten tavoitteiden ja osuuskauppatoiminnan välillä syntynyt ristiriita. Hän kirjoittikin Kansan Lehteen: "Mitä työväenliike kauppatoiminnasta hyötyi?" Hänen mielestään kaikki aika kului kokouksissa ja agitaatiotoimintaan ei käytetty riittävästi aikaa. Hän toi esiin, että työväenliikettä vietiin väärään suuntaan. Ja pettymykset – kuten porvarien myyntikielto osuuskaupalle – pahensivat tilannetta.

Osuuskauppatoiminta sai suosiota ja usealta eri taholta tuli toivomuksia ruokakauppojen avaamiseksi. Päätettiin perustaa ruokakauppa Tammelan kaupungin osaan. Anselmi kävi johtokunnan jäsen Stenforsin kanssa maaseudulla ostoksilla.

– Stenfors osti voita kahdensadan kilon vaiheille ja itsekin ostin lampaan lihoja lähimain parisataa kiloa, hän kertoi myöhemmin johtokunnalle.

Myös Keuruun työväki tiedusteli, voitaisiinko Osuuskaupasta toimittaa heille tavaroita. Asiasta sopimaan lähtivät Anselm ja Yrjö Mäkelin. Minkälainen heidän matkansa oli, jos Mäkelin vastusti koko osuuskauppa–ajatusta. Oliko se hänelle vain agitaatiomatka?

Oliko kysymys Anselmin unelmista tai hänen kauppiasinnostaan, kun hän innolla kehitti osuuskauppatoimintaa? Se arvoitukseksi. Hän olisi voinut milloin tahansa palata oman kaupan hoitajaksi, miksi hän kuitenkin koki, että juuri tässä oli tilaisuus toteuttaa osuuskauppa–aatetta yhdistettynä työväenaatteeseen. Tahtoiko Anselmi olla mies, joka toi laajan osuuskauppatoiminnan myös työväen piiriin?

21

Huomaan, että olen kirjoittanut Anselmin tarinaa koko aamunpäivän. On kuitenkin tullut aika lähteä Helsinkiin tekemään juttua ammattiliittomme vuosikokouksesta.

Laskeudun junasta Helsingin rautatieasemalla, ohitan nuoren venäläispariskunnan, ja saavutan amerikkalaisittain englantia puhuvan nuorisojoukon. Keväinen Helsinki näyttää kansainvälisen puolensa. Jostain leijuu mietona paistetun sipulin tuoksu. Olen vastentahtoisesti matkalla. Yli kolmekymmentä vuotta olen kiertänyt erilaisissa kokouksissa. Tuntuu, että jos menen minne tahansa kokoukseen, mihin tahansa niistä tuhansista ammattiyhdistyskokouksista, joita Suomessa pidetään, tiedän heti, miten kokous etenee. Minua hymyilyttää ajatukseni kulku. Ehkä se johtuu siitä, että tunnen itseni väsyneeksi ja kyllästyneeksi kaikkeen siihen, mitä edessäni odottaa. Mitä Anselmi ajatteli kiertäessään kokouksista toiseen? Saattoi olla, että hänelläkin tuli jossain vaiheessa mitta täyteen.

Sipaisen hiukset otsaltani ja astun sisälle auditorioon. Liiton puheenjohtaja istuu eturivissä ja edessä seisoo kokouksen puheenjohtaja. Nyökkään tervehdykseksi sanomatta mitään. Parisen kymmentä kokousedustajaa isossa salissa näyttää vähäiseltä. Niin vain on, ettei yhdistystoiminta kiinnosta ihmisiä.

Lasken reppuni tyhjälle tuolille. Riisumatta takkiani istuudun ja kaivan repustani kameran ja salamalaitteen. Samaan aikaan liiton tulevaisuustoimikunnan puheenjohtaja aloittaa puheensa. Hän muistuttaa liiton tulevaisuuteen liittyvistä uhkakuvista. Sitten hän katsoo kokousedustajiin.

– Tulevaisuuden ennakointi ja hallinta ovat liittoomme menestymisen elinehto. Hänen äänensä on painokas, kun hän kertaa, kuinka liiton on ennakoitava tulevaa, miten sen tulee hyödyntää erilaisia tulevaisuuden mahdollisuuksia sekä kuinka on havaittava ympäristön heikkojakin signaaleja.

Mitähän ne signaalit sitten ovat ja miten niitä hallitaan, ajattelen.

– Liiton tarkoitus on sen jäsenkunnan henkisen ja aineellisen hyvinvoinnin, yhteiskunnallisen oikeudenmukaisuuden, järjestöllisen aseman ja toimintavalmiuksien edistäminen.

Minusta puhe kuulostaa tylsältä. Se on samaa liturgiaa, jota on liitossa puhuttu niin kauan kuin olen sen toiminnassa ollut mukana. Nousen paikaltani ja otan yleisöstä ja puhujasta muutaman valokuvan.

Ajattelen kuinka reilu sata vuotta aikaisemmin maahamme luotiin ammattiyhdistysliikettä ja työväenaatetta. Silloinkin oli monia vastakkainasetteluja. Siitä, mitä kaikkea ristiriitaa Työväen asunto–osakeyhtiönkin perustamiseen liittyi, en ole saanut selville ja mikä oli lopullinen syy, miksi Anselm myi osakkeensa. Miten Mäkelin ajatukset sopivat Anselmille. Oliko Mäkelin radikaalein vasemmistolaisine ajatuksiin liian punainen vaate Anselmille? Siinä on monta kysymystä, joihin minun on etsittävä vastausta.

Nousen seisomaan, välittämättä siitä, että puhuja vilkaisee minua närkästyneesti. Suuntaan kamerani kokousväkeen ja räpsin vielä muutaman kuvan. Tuskin Anselm sai työväenliikkeen mitaleja tai standaareja, tuumin samalla, kun suuntaan kamerani Heikkiin, joka kokouksessa palkitaan toiminnastaan liiton hyväksi.

– Tulevaisuudessa työnantajat ryhmittyvät eri tavalla kuin tällä hetkellä. Työantajakohtainen sopimusmalli tulee todennäköisesti lisääntymään ja se tulee määrääväksi toimintamalliksi sopimusneuvotteluissa, puhuja selvittää.

En kuuntele. Istun vain ja ajattelen, että olen ehkä ainoa, joka kertoo isoisäni tarinan kirjoittamalla. Jos hänestä ei kukaan kirjoita, hänen tekonsa häviävät unholaan. Minulla on kiusallinen tunne, etten läheskään tiedä vielä kaikkea, mitä 1900–luvun vaihteessa isoisälleni tapahtui.

Kotiin palattuani istuudun tietokoneeni ääreen. Tunnen olevani iso-isäni tarinan kanssa tiukoilla. Huokaisen syvään. Aina kun olen saanut kirjoituksen etenemään, joku kumma katkaisee innon. Olen sitkeästi perehtynyt aiheeseen. Minun on myönnettävä, että palapelistäni puuttuu osia, jotka antaisivat edes hataran lisätiedon Anselm iso-isästäni.

22

Tampereella elettiin marraskuun alkua 1901. Työväen Osuuskauppayhdistyksen johtokunta kokoontui pohtimaan, miten kauppatoiminta edistyi. Anselmin ehdotuksesta johtokunta tarkasti yhdistyksen tilikirjat. Kävi ilmi, että yhdistyksen kaupoista oli kuluneen kuukauden aikana myyty tavaroita liki 12 000 markan arvosta.

Tarkastuksen jälkeen, Anselm kertoi, että hän oli Yrjö Mäkelin kanssa käynyt Keuruulla ja Korkeakoskella. Keuruulla on pidetty kokous sikäläisen työväestön kanssa ja perusteltu yhteisostojen merkitystä.

– Paikkakunnan työväki on sen jälkeen tehnyt tuntuvia yhteisostoja Osuuskaupasta, hän sanoi tyytyväisenä. Sitten hän kertoi, että raatimies Sherke ilmoitti haluavansa rakentaa uuteen taloonsa Johanneskylässä Osuuskaupalle sopivan liikehuoneiston. Johtokunta valitsi Anselmin ja sihteeri Mäkelinin ottamaan asiasta tarkempaa selkoa ja tekemään ehdotuksen seuraavaan kokoukseen.

– Hyvinkään työväestön pyynnöstä olen käynyt siellä järjestämässä yhteisostokuntaa. Sen tuloksena on tullut jo yksi tuntuva yhteistilaus, Anselm jatkoi. Lisäksi hän oli vuokrannut yhdistykselle Tampereelta liikehuoneiston ruokakauppaa Tammelankadun varrella 25 markan kuukausi vuokraa vastaan.

Yritän selvittää minkälainen mies Yrjö Mäkelin oli. Selvästi Anselmilla oli linjaristiriitoja hänen kanssaan. Kiristyivätkö Mäkelin ja Anselmin välit olihan Mäkelin kirjoittanut saman vuoden elokuussa Kansan Lehteen:

"Osuustoiminta, ollen kansanvaltaisuudessaan huolimatta, pohjaltaan porvarillinen muoto, voi sellaisenaan ajanpitkään tehdä tuntuvaa haittaa sosiaalidemokraattiselle työväenliikkeelle."

Lisäksi Mäkelin arveli osuustoiminnan toimivan samalla tavalla kuin kapitalistiset kaupat, mutta osuuskaupoista rahat vain kerättään köyhiltä. Mäkelin ei ollut mitenkään innokas kirjoittamaan osuustoiminnasta. Osuustoiminta ei Mäkelinin mielestä tukenut luokkataistelua tai auttanut muuttamaan kapitalistista yhteiskuntaa. Hän näki sen uhkana työväenliikkeelle. Oliko Mäkelin ajatusmaailman takana hänen menneisyytensä? Hän syntyi kesäkuun 1 p:nä 1875 Tampereella. Ainoa koulusivistys, jonka hän sai, oli vuosi kansakoulua 11–vuotiaana. Nuorukaisena hän joutui opettelemaan isänsä suutarin ammatin. Jo 16–vuotiaan oppipojan arveltiin pystyvän elättämään itseään kisällinä muissakin verstaissa. Mäkelinille seurasi vaellusvuosia Porissa, Tampereella ja Helsingissä sekä asevelvollisuusaika Uudenmaan pataljoonassa. Asepalvelus jäi kuitenkin lyhyeksi hänen huonon terveytensä vuoksi. Raskas työ lapsena oli aiheuttanut elinikäisen vamman vatsalaukun lihaksissa.

Porissa vuonna 1891 Yrjö Mäkelin liittyi työväenyhdistykseen, jossa hänelle heräsi voimakas suhde työväenliikkeeseen ja halu taistella sen riveissä. Hän edusti Porin työväenyhdistystä työväenpuolueen perustavassa kokouksessa Turussa 1899. Kohtasivatko Anselm Saarinen ja Yrjö Mäkelin ensimmäisen kerran Turun kokouksessa vai jo aikaisemmin Porissa, ei minulle selviä. Kuitenkin heidän tiensä kohtasivat Tampereella, kun vuonna 1900 Mäkeliniä pyydettiin päätoimittajaksi Kansan Lehteen. Tapahtuiko se juuri Anselmin suosituksesta? Ilmeisen epäröiden Mäkelin astui tehtävään, jota hän piti vaativana ja vastuullisena. Ihmeellistä on, kuinka pienellä koulutuspohjalla oleva Mäkelin tehtävään valittiin. Valinta oli osoitus Mäkelinin poikkeuksellisesta lahjakkuudesta kirjoittajana ja agitaattorina.

Myöhemmin hänet opittiin tuntemaan Forssan äänioikeusjulistuksesta vuodelta 1903 sekä vuoden 1905 suurlakon aikaisesta punaisesta julistuksesta.

Anselm oli kuutisen vuotta aikaisemmin liittynyt työväenyhdistykseen. Siitä asti hän touhusi valtavan innostuksen vallassa. Hänelle syntyi lapsia. Häneen takertui työväenaate ja vimma, jolla hän sai

89

asioita eteenpäin. Se saattoi näyttää sivullisesta oudolta, sillä aikaa täytyi häneltä kulua paljon kaikkeen siihen, mitä hän teki. Hän varmaan koki kaiken tekemisensä tärkeänä. Moni asia oli vuosien aikana hänen elämässään muuttunut ja moni tuli vielä muuttumaan. Sitä hän ei vain siinä vaiheessa vielä tiennyt.

23

On alkuilta. Ensilumi sataa märkänä ja kastelee kenkäni. Kauppakassi painaa oikeassa kädessäni ja oven avaaminen tuottaa vaikeuksia. Vien tavarat keittiöön, astelen huoneeseeni, avaan pähkinäpussin ja otan puoli kourallista suolapähkinöitä ja mätän ne suuhuni. Se ei ehkä ole järkevää mutta en välitä siitä. Tietokoneeni ruutu tuijottaa edessäni. Otan lisää pähkinöitä. Minua huvittaa ajatukseni siitä, että yli sata vuotta sitten olisi joku mutustanut muovipussista ottamiaan suolapähkinöitä. Minkälainen työväen osuuskaupan myyntivalikoima oli? Minkälaista toimintaa siellä oli? On kulunut jälleen kuukausi siitä kun viimeksi olen kirjoittanut isoisästäni. On jälleen aika palata isoisäni tarinaan.

Alkoi vuosi 1902 ja Anselm joutui ilmoittamaan, että 48 jäsentä oli laiminlyönyt kaikki jäsenmaksunsa. Hän ehdotti samalla myymälöitten aukioloaikojen ja päivällistauon pituuden määräämisestä kaupan apulaisille. Hänen mielestään myymälät tuli pitää pitempään auki.

– Kun yksityiset liikkeenharjoittajat, kapitalistit, pitävät myymälänsä auki varhain aamulla ja myöhään illalla sekä siten saavat meiltä ostajia, täytyy meidän menetellä aivan samoin kuin he, vaikkakin se sotii sosiaalisia periaatteitamme vastaan, hän sanoi.

– Aatetta ei voida toteuttaa nykyisissä yrityksissä, joita työväestö omistaa, totesi myös joku johtokunnan jäsenistä.

Kävi ilmi, että liikeapulaiset pitivät kohtuuttoman pitkiä päivällisaikoja ja näin jättivät kaupan edut syrjään. Heille määrättiin päivällisajaksi puolitoista tuntia ja kiireellisinä aikoina heidän tuli lyhentää ruokailuaikaa. Kuitenkin vapun aikana tilanne oli toinen.

– Suljemme yhdistyksen myymälät vapunpäivänä kello viisi iltapäivällä, koska järjestäytynyt työväki silloin juhlii, lausui puheenjohtaja Vesterlund. Päätöksestä kerrottiin myös Kansan Lehdessä ja ilmoitettiin muille osuuskaupoille.

Anselmille heräsi ajatus siitä, että tulisi aloittaa yhteistyö eri osuuskauppojen kesken. Hän esitti, että tulisi valita kauppojen keskuskomitea. Siihen kuuluisi yksi jäsen kustakin johtokunnasta ja osuuskauppojen hoitajat. Lisäksi hän ehdotti, että keskuskomitea tilaisi tavarat yhteiseen laskuun suuremmissa erissä joko suoraan tehtaista tai tukkukauppiailta. Ehdotus sai kannatusta ja asiaa koskevan kirjeen laatiminen jätettiin hänen ja kirjanpitäjä Sahlmanin velvollisuudeksi. Huhtikuussa tuli Tampereen Pellavatehtaan osuuskaupan johtokunnalta vastaus:

"Harkittuaan asiaa, katsoi johtokunta kaikin puolin olevan syytä kannattaa yhteisostoaatetta ja siis kirjelmässä esitettyä tarkoitusta. Kumminkin päätti johtokunta pyytää Tampereen Työväen Osuuskauppayhdistyksen johtokuntaa asian alkuunpanijana, siihen nähden, että kysymys on syvällinen ja tärkeä, muodostamaan ns. alustavan komitean asiasta päättämään sekä työnsä tulokset sittemmin vasta kutsuttavalle yhteiselle johtokuntain kokoukselle. Tähän alustavaan komiteaan toivottiin saatavan kaksi jäsentä jokaisesta johtokunnasta sekä kaikki kaupanhoitajat sekä valitsi johtokunta siihen heti puolestaan K.V. Petäjäniemen, K.H. Salosen ja kaupanhoitaja J.O. Vuoren."

Vastauksen saatuaan ryhtyy Tampereen Työväen osuuskaupan johtokunta tekemään esityksiä ja valitsee alustavan komitean jäseniksi Vesterlundin, Koskisen ja kaupanhoitaja Anselm Saarisen.

Näin alkaa työväen osuuskauppojen yhteistoiminta muotoutua yhä kiinteämmäksi ja pitkälti juuri Anselmin ideoimana. Tuskin hän silloin arvasi, kuinka suureksi osuuskauppatoiminta ajan oloon tulee maassamme muotoutumaan.

Huhti– toukokuun vaihteessa 1902 Anselmin uurastus näytti vaativan veronsa. Eräässä johtokunnan kokouksessa hän kysyi yllättäen:
– Olisiko mahdollista saada toista henkilöä tilalleni, kun jättäisin toimeni, saadakseni sairauteni tähden levätä. Tulevana kesänä haluaisin viettää jonkun ajan yhtäjaksoisesti maaseudulla. Tämän sanottuaan hän poistui kokouksesta.
Anselmin lähdettyä johtokunta keskusteli asiasta.
– Esitämme Saariselle toivomuksen, että hän edelleenkin, sikäli kuin hänen terveytensä sen sallii, toimisi yhdistyksen kaupanhoitajana, sanoi Kukkola. Muut hyväksyivät ajatuksen. Samalla päätettiin Anselmille lausua kiitollisuus hänen siihenastisesta toimeliaisuudestaan yhdistyksen eduksi.
– Ehdotan, että suostumme hänelle myöntämään ensi kesänä kuukauden tai pari lomaa sillä ehdolla, että sinä aikana hän tarpeen mukaan valvoo liikkeen hoitoa, joka siksi ajaksi jäisi kirjanpitäjä Sahlbomin huoleksi ja että hän loma–ajallansa luovuttaa varsinaisesta palkastaan Sahlbomille 50 markkaa kuukaudessa, puheenjohtaja Vesterlund ehdotti. Myöhemmin Anselm suostui ehdotukseen.
Vaikka Anselm sairasteli, hän ja Vesterlund kävivät, Viialan työväen Osuuskauppayhdistyksen johtokunnan kanssa sopimassa, että Viialan Työväen Osuuskauppa osti tavaransa Tampereen työväen osuuskaupan välityksellä.

Eräässä vaiheessa johtokunnassa pohdittiin, voitaisiinko perustaa vesikioski Pispalaan kaupan numero kolme edustalle. Tätä varten oli Anselm Pispalan Työväen Kauppa Oy:n konkurssipesältä kysynyt sen omistamaa kioskia ja siitä tarjonnut kolmekymmentäviisi markkaa. Havaittiin kuitenkin, että kauppa oli vuoden ensimmäisinä kuukausina tuottanut jonkin verran tappiota. Anselmi esittikin, että pispalalaisiin kohdistettaisiin uuttera "agitatsiooni" suuremman myynnin saamiseksi
– Yleinen kokous olisi Pispalaan järjestettävä jotta vesikioskin ostaminen ja käyttöön sovittaminen olisi mahdollista, sanoi myös Vesterlund.

– Kioski voitaisiin vieläkin ostaa 35 markalla. Sen paikoilleen siirtäminen ja korjaus tuottaisivat ehkä joitakin kustannuksia. Limonaatia myymään voitaisiin palkata joko joku henkilö tai yhdistyksen apulaiset vuoroittain, Anselmi ehdotti.

Vesterlundin mukaan myös sikojen hoito kaupan yhteydessä olisi varsin sopiva ja helppo toteuttaa.

– Kun tarvittava sikolätti on käytettävänä ja kun liikkeestä aina tulee jotakin tomujauhoja ja muuta sellaista, joka olisi lisänä sikojen ruoaksi, meidän mielestä voitaisiin kokeeksi pari nassua elättää.

– Jos sikojen hoito tulee käyttöön, on toinen nykyisistä apulaisista vaihdettava sikopiikaan, koska nykyiset apulaiset eivät suinkaan sikoja hoitaisi, Anselmi muistutti.

Koska Pispalan kauppa ei kannattanut, päätti johtokunta, ettei vesikioskia toteuteta, vaan Anselm saa oman harkintansa mukaan järjestää pöydän ja tuolit puodin pihamaalle limonadin myyntiä varten. Myyntiä hoitaisivat kaupan apulaiset. Myös sikojen hoito jätettiin. Tiedettiin, ettei sikojen hoito yleensä kannattanut eikä varsinkaan ostoruualla ruokittuna.

Pispalalaisten "agitatsioonikokoukseen" saatiin reilut 40 osanottajaa. He toivoivat, että yhdistys edelleen pitäisi kaupan Pispalassa. Esitettiin, että kauppaan enemmän kuin siihen asti hankittaisiin ruokatavaraa, koska yksityiskauppiaatkin pitivät tarjolla ruokatavaroita sekatavarakaupoissaan. Osuuskaupassakin tuli säännöllisesti olla saatavana voita, lihaa, kalaa, leipää ja perunoita. Usean osanottajan mielestä näin kauppa tulisi varmasti kannattamaan.

Tämän kokouksen jälkeen Anselm joutui enemmän kuin siihen asti huolehtimaan ruokatavaroiden hankkimisesta. Myös kaupan apulaiselle annettiin oikeus ostaa ruokatavaraa kaupan ohitse kulkevilta tarjoajilta.

Eräällä taholla oltiin aikeissa perustaa suuri ruokakauppa–osuuskunta. Jos se käynnistyisi, siitä olisi haittaa Työväen Osuuskaupalle. Anselm ei kuitenkaan pitänyt kilpailua pelottavana. Hän ehdottikin oman toiminnan parantamista.

–Uudella yrityksellä on tarkoituksena saada Tampereen Työväen Osuuskauppa kukistumaan. Se taas johtuu vihasta joitakuita nykyisiä toimihenkilöitämme kohtaan. Parannuksia on tehtävä kauppaamme. Tammelassa oleva myymälä on saatava avarampaan huoneistoon. Ennen kuin laajennusta voimme toteuttaa, on välttämätöntä, että palkataan erityinen ruokatavarakauppojen hoitaja, joka hoitaa ruokatavaroiden ostoa, hän ehdotti.

Myös Stenfors toi esille, että ruokatavarakauppa on välttämättä saatava nykyistä paremmaksi

– Kauppa sellaisena kuin se nykyään on, ei läheskään vastaa tarkoitustaan, eikä tyydytä jäseniä, hän sanoo ja tarjoutuu ottamaan ruokakauppojen hoidon vastuulleen.

Monia pyyntöjä osuuskauppatoiminnan laajentamiseksi ilmeni. Korkeakosken tehtaan työväki pyysi, että yhdistys avaisi kaupan Korkeakoskella.

– Nyt ollaan varmat siitä, että tehdas paikkakunnalla tulee jatkamaan, ja olisi suotavaa, että yhdistys avaisi siellä haarakaupan. Ennen kuin muihin toimiin ryhdytään, on otettava selkoa seuraavista seikoista: Ensimmäiseksi, että paikkakunnalla asuvista perheistä ainakin sata sitoutuisi lunastamaan osuuksia ja ostoksillaan tukemaan kauppaa. Toiseksi, jos käänne taloudellisissa oloissa paikkakunnalla tapahtuisi, olisi yhdistykselle pidettävänä korkeintaan kolmen kuukauden irtisanomisaika. Kolmanneksi, olisi lähetettävä johtokunnasta jäseniä sopimaan edellä olevista ja muista mahdollisista asioista korkeakoskelaisten kanssa, Anselm sanoi.

Mielenkiintoista on, että niin Kukkola kuin Anselm olivat yhteisesti tai kumpikin erikseen sitoutuneet vastamaan tuhannella markalla niistä tahallisista tappioista, jotka ruokakauppojen hoidossa yhdistystä kohtaisivat heidän hoitajana ollessaan. Summan suuruutta kuvaa se, että Anselmin ehdotuksesta makasiinimiehen toimeen valittiin työmies Aug. Pekkala. Hänelle päätetään maksaa 65 markkaa kuukaudelta.

24

On kulunut reilu kaksi vuotta siitä kun aloitin tutkimusmatkani Anselm Saarisen elämään. Eräänä päivänä. Saimaan rannalla monet kysymykset vilisevät päässäni. Ajattelen, kuinka nopeasti unohdamme menneet tapahtumat.

Mökki seisoo paikallaan kuin olisi ollut siinä aikojen alusta. Se ei ole mitenkään suuri. Ruskeaksi maalatut pyöröhirret kannattavat huopakattoa ja savupiipusta kohoaa savu kohden keväistä taivasta. Mökin verannalla on puusta valmistettu, siniseksi joskus vuosikymmeniä sitten maalattu pirttikalusto. Vuosien myötä maali on haalistunut ja paikoin irronnut. Länsiseinää hallitsee ikkuna, joka jakaantuu yhdeksään pieneen ruutuun. Eteläseinällä, hellan edessä, näkyy pieni tuuletusikkuna. Sisäseinät ovat maalamattomat. Lakalla pinnoitetut ja hirren syyt näkyvät antaen tunteen hirsimökistä, jossa on hyvä lomailla. Sinä huhtikuun lopun päivänä radio soi hiljalleen ja ikkunoista tuleva aamun kelmeä valo heijastuu pöydän keltaruskeasta pöytäliinasta. Hellan tuli on sammunut ja lämpötila tasaantuu.

–Nyt minä laitan vähän tätä ripsiväriä, Ritu sanoo ja kohottaa katseensa kohden minua. Odottamatta vastaustani, hän hetken päästä jatkaa.

– Huomaako, että olen laittanut?

– Ei huomaa, sanon ja ajattelen, että täytyykö sitä nyt mökilläkin ehostaa ulkonäköä. Ei naiset sata vuotta sitten niin tehneet.

Lomamme Saimaan rannalla alkoi pari päivää aikaisemmin. Sata vuotta aikaisemmin ihmisten liikkuvuus oli paljon vaatimattomampaa; tuskin käytiin oman pitäjän ulkopuolella, työ ja koko elämä rajoittui vain lähipiiriin.

Siinä Saimaan rannalla olevassa hirsimökissä vallitsee odottava tunnelma. Käyn mielessäni läpi kaikkia niitä asioita, joista voisimme jutella iltapäivällä tulevien vieraiden kanssa. Kertoisinko isoisästäni? Mutta kiinnostaako se vieraitamme? Parempi olla puhumatta, kun en tiedä heidän ajatusmaailmaansa. Istun pöydän ääressä ja tuijotan ulos. Korjaan asentoani ryhdikkäämmäksi ja vilkaisen järvelle. Saimaan pinta on alempana kuin koskaan aikaisemmin olen nähnyt. Kevät on myöhässä ja lahdenpoukamaa peittää harmaa jääkuori. Arvelen jään painuvan muutamassa päivässä.

– Tiedätkö mitä? Ritu sanoo –Täytyisi hakea taas vettä kaivosta.

– Voin hakea, vastaan. Nousen ottamaan vesiämpärin.

– Ulkona sataa vettä, sanon tullessani jälleen sisälle. Nostan vesiämpärin pöydälle hellan viereen ja istuudun jälleen pöydän ääreen. Oivallus täyttää ajatukseni kuin tsunami etelän rannikon. Tiedän, miten jatkaisin kirjoittamista. Tunnen voimakasta halua kirjoittaa isoisästäni, 1900–luvun alusta, työväenliikkeen ja sosialidemokratian alkuajoista. Kuitenkin, sen sijaan, että kirjoittaisin, tuijotan jälleen järvelle, jonka pintaa aurinko valaisee ja saa sen loistamaan osittain valkeina jääläikkinä tummien kohtien välissä. Ehkäpä päivä vielä muuttuu lämpimäksi ja aurinkoiseksi, ajattelen.

Siitä on kulunut yli kaksi vuotta, kun ensimmäiset kirjoitukset isoisästäni olen tehnyt. Sen jälkeen on ollut pitkiä aikoja, jolloin hänestä eikä itsestäni riviäkään tekstiä koneestani ole tullut. Ja nytkin minä vain istun ja katson kuinka ulkona on alkanut tuulla ja yksinäinen lokki pitää omaa konserttiaan järven yllä, kuin toivoen uuden kesän tulemista. Niin ehkä minäkin mutta ajattelen myös niitä salaisuuksia ja arvoituksellisia tapahtumia, joita isoisäni aikaan liittyy.

On selvää, että niin suomalaisen työväenliikkeen kuin osuuskauppatoiminnan juuret olivat pitkälti Tampereella.

Katson seinäkelloa, johon olemme edellisenä päivänä kirkolta ostaneet uuden patterin. Vieraat tulisivat tunnin kuluessa. Ritu on siirtynyt sohvalle lukemaan. Hänen yskänsä tuntuu jatkuvan päivästä toiseen. Minusta tuntuu, ettei yskä helpota ennen kuin hän saa kunnon lääkekuurin.

Vieraat saapuvat kahden maissa ja istuutuvat sohvalle, jota peittää ohut matto, jonka tehtävänä on suojata päällystä likaantumiselta. Miehellä on otsalta alkava kalju. Hän on minua lyhyempi ehkä sadan seitsemänkymmenen. Hänen kasvonsa kertovat, että hän viihtyy ulkosalla kovassakin säässä. Hänen vaimonsa on hento ja huomattavasti miestä lyhempi ja hänen harmaa tukkansa muistuttaa hänen eläkeiästään. Keskustelemme yleisistä asioista, kuten kevään etenemisestä, kalastamisesta ja Saimaan veden pinnan mataluudesta.

– Aikaisin päivä, jolloin muistan jäiden lähteneen, on yhdeksästoista huhtikuuta, mies sanoo ja vilkaisee kysyvästi vaimoaan aivan kuin varmistaakseen sanomansa.

Molemmilla on takanaan kova lapsuus, eikä elämä muutenkaan ollut käsitellyt heitä silkkihansikkain. Silti heistä huokuu tyyneys ja rauhallisuus sekä puhe soljuu mukavasti Etelä–Karjalan murteella, johon liittyy kainuulaista vivahdetta.

Jossain vaiheessa vilkaisen kelloa, sillä minulla ei ole aavistustakaan, kuinka kauan he aikoivat olla, eikä sillä ole oikeastaan meille mitään merkitystä, mitään muuta meillä ei ole mökillä kuin aikaa. Kahvit juotuamme, keskustelumme siirtyy lapsuutemme ajan muistoihin. Itse en paljoa puhu. Mies kertoo kasvaneensa Kuusamon syrjäkylällä kaksitoistalapsisen perheen toiseksi vanhempana lapsena. Etäisyydet olivat pitkiä ja tupa pieni, jossa iso perhe kasvoi. Hän oli ollut pienestä pojasta lähtien isänsä kanssa savottatöissä.

Siitä ei ole kuin yksi sukupolvi, kun maassamme olivat asiat toisella lailla. Miten nopeasti unohdamme entisen ajan, emmekä huomaa miten paljon paremmin asiat siihen nähden ovat, pohdin sanomatta kuitenkaan mitään. Tuskin viisikymmentä vuotta sitten puhuttiin mistään työviihtyvyydestä, työuupumuksesta tai vastaavasta. Tehtiin töitä, jotta ruokaa saatiin perheelle ja kun väsytti, niin nukuttiin väsymys pois. Ei minunkaan lapsuudessa saati nuoruudessa perheessämme ollut autoa, ei matkustettu ulkomaille tai edes Turkuun. Pari kertaa taisin käydä Tampereella.

Vieraiden lähdettyä, saunan löylyjen jälkeen, mietin kuinka etenisin isoisäni tarinan selvittelyssä. Karu tosiasia oli, että minun on lähdettävä Tampereelle arkistoja tutkimaan.

Illan pimennyttyä heittäydyin sänkyyn ja otan Nikolai Gogolin novellikokoelman käteeni ja alan lukea "Mielipuolen päiväkirjaa".

25

Eräänä päivänä katson jälleen tietokoneeni näyttöä ponnistellen enemmän kirjoittamisen tuskasta kuin huoneen lämpötilasta ja tajuan, että lopulta aikaa minulla ei ole hukattavaksi. Viikot ja kuukaudet kuluvat enkä saa paljoa aikaiseksi. Toisinaan minusta tuntuu, että pääni on ajatuksista tyhjä ja kirjoittaminen ei yksinkertaisesti etene. Minulle ei selviä, mistä Anselm oli hankkinut varallisuutensa ja sitä, miksi hän saa luottoa eri yrityksiltä ja se, mitä varten hän on innolla kehittämässä osuuskauppatoimintaa. Tajuan, että minun on vain jatkettava tutkimista ja kirjoittamista

Yllättäen syyskuun 24. päivänä vuonna 1902 pidetyssä osuuskaupan johtokunnan kokouksessa puheenjohtaja luki johtokunnalle saapuneen kirjelmän:
"Tampereen Osuuskauppayhdistyksen johtokunnalle. Saan täten ilmoittaa, että eroan kaupanhoitajan toimesta tammikuun 1p. Tampereella 15. syyskuuta 1902, Kunnioittaen
Anselm Saarinen, kaupanhoitaja."
Osuuskaupan johtokunta hiljeni, tiedotus oli yllättävä monestakin syystä eikä vähiten siksi, että Anselm oli pyyteettömästi toiminut osuuskaupan eteen. Johtokunnan jäsenet ihmettelivät syitä ja samalla toivat julki kiitollisuutensa siitä uhrautuvaisuudesta, jota Anselm oli jo toista vuotta yhdistyksen eduksi tehnyt kaupanhoitajana. He halusivat kuitenkin kuulla syyt, jotka Anselmin irtosanoutumisen aiheuttivat, jotta saisivat käsityksen asiasta. Anselm suostui pyyntöön ainoastaan sillä ehdolla, ettei hänen eroamisensa syitä merkittäisi pöytäkirjaan, koska ne ovat "persoonallista laatua". Anselm teki selkoa ja poistui sen jälkeen paikalta.

Anselmin lähdettyä, johtokunta keskusteli tilanteesta. Useat jäsenet lausuivat toivomuksen, että ne vaikeudet, jotka Anselmin kaupanhoitajana toimimiselle olivat esteenä, sivuutettaisiin ja hän edelleenkin pysyisi toimessaan. Mietittiin, voidaanko yhdistyksen laajaa liiketoimintaa jatkaa hänen eroamisen jälkeen. Anselm oli ollut yhdistyksen apuna luoton saannissa. Ei kuitenkaan epäilty, ettei yhdistys saisi luottoa. Toisaalta nähtiin mahdollisuus saada osuuskunta itsenäiseksi, jollaiseksi osuusliikkeen oli aikaa myöten tultava, eikä se olisi enää yhdestä henkilöstä riippuvainen. Anselmin eroamisilmoitusta pidettiin vakavasti harkittuna ja päätettiin, että hänen eroamiseensa oli suostuttava. Hän oli oikeutettu jättämään toimensa ensimmäisenä päivänä tammikuuta 1903, tai ennemmin, jos hän itsensä sitä ennen eroon haluaisi. Hänen vastuunsa vapautuisivat kuitenkin vasta sitten kun tilit ovat hyväksytty. Irtisanomisaikanansa Anselm oli velvollinen ostamaan tavaraa samaan tapaan kuin siihenkin asti ja yleensä toimimaan ostoja siten, ettei suurempaa varastoa hankita.

Anselm jatkoi osuuskaupassa aina huhtikuulle 1903. Kunnes uutinen Kansan Lehdessä 16.4.1903 kertoi:

"Tampereen työväen Osuuskaupan palvelukseen astuu tänään työnjohtaja Heikki Lindroos täältä, ja tulee hän toimimaan sanotun kaupan johtajana ensi päivästä tulevaa toukokuuta, jolloin nykyinen kaupanhoitaja hra Anselm Saarinen eroaa kaupan palveluksesta."

Osuuskaupan hoitajaksi valittu Lindroos, Henrik (Heikki) Viktor on syntynyt 31.05.1865 Messukylässä. Hän on toiminut Tampereen pellavakehruutehtaan työmiehenä ja työnjohtajana 1878 –1903. Tampereen työväen osuuskaupan hoitaja hän toimii 1903 –1906, myöhemmin hän toimi kansanedustajana (22.05.1907– 31.07.1908) Sosialidemokraattinen eduskuntaryhmän jäsenenä ja SOK:n johtokunnan jäsenenä 1906–1912.

Paljon osuuskaupan johtokunta sai lyhyessä ajassa aikaan. Vuoden 1902 loppuun tultaessa oli perustettu viisi sekatavarakuppaa, kaksi ruokakauppaa ja leipomo. Se oli liikeyhteyksissä moniin yhteisostokuntiin ja levitti osuuskauppa–aatetta laajalle ympäri maakunta. Kauppa laajeni lyhyessä ajassa. Kaikki kehitys ei ollut tervettä osuuskauppa–aatteen pohjalle rakentuvaa. Tilintarkastajat kiinnittivätkin asiaan huomiota:

"Liikettä on lavennettu liian paljon pitämällä silmällä yksityisen persoonan luottoa, josta vastoin hyvin vähän pantu painoa itse Osuusyhdistyksen luoton kasvattamiselle ja liikkeen varmalle itsenäiselle pohjalle saattamiselle.

Velkakauppa oli toinen tekijä, joka oli saattaa yhdistyksen pahaan pulaan. Useat asiakkaat osoittautuivat perin epävarmoiksi maksajiksi. Saatavien karhuaminen aiheutti johtokunnalle harmaita hiuksia. Se asettikin komitean "ottamaan selvää kaupanhoitaja Saarisen ja johtokunnan välisistä asioista luoton antoon nähden."

Vuodesta 1902 alkaen osuuskaupat olivat tehneet yhteisostoja. Tammikuun alkupuolella vuonna 1903 lehdissä julkaistiin Anselm Saarisen pyyntö:

"Kaikkia maassamme toimivia osuuskauppayhdistyksiä eli kauppoja sekä tekeilläkin olevia tämmöisiä liikkeitä, pyydetään ystävällisesti, tilaston aikaansaamiseksi, tämän kuun ajalla lähettämään osoitteensa allekirjoittaneelle, osoitteella Tampere, Kaivokatu 36."

Toukokuun viimeisenä päivänä vuonna 1903 kokoontuikin Tampereella edustajia maamme osuuskaupoista neuvottelemaan lähemmästä yhteenliittymisestä osuuskauppojen kesken, kokouksessa varapuheenjohtajana toimi Anselm Saarinen.

Mitkä syyt johtivat lopulta Anselmin eroon, jäävät arvailujen varaan: liittyvätkö siihen henkilösuhteet joidenkin kanssa vai näkymät työväenliikkeen radikalisoitumisesta, vai oliko sittenkin vain kysymys uusien haasteiden etsimisestä? Entä mikä merkitys oli sillä, että hän oli puuhaamassa Hellbergin kanssa tapettitehdasta Toijalaan.

Anselm oli varmaan liikemies parhaasta päästä mutta hänen toiminnassaan oli piirteitä siitä, että hän oli enemmän kiinnostunut uusien asioiden käynnistämisestä kuin niiden viemisestä aivan loppuun asti. Ehkä tätä Anselmin toimintaa selvittää myös se, mikä käy ilmi paljon myöhemmin (26.10.1915) Aamulehdessä olleesta kirjoituksesta, joka on otsikoitu "Sosialistit osuuskauppaliikkeen hajottajina". Kirjoituksen aluksi käydään läpi Tampereella syksyllä pidettyjä osuuskauppaväen kokouksia, joissa muutamat sosialistiedustajat olivat:

"koettaneet mahdollisimman haikein mielin kuvata miten osuuskauppa–alalla samoin kuin muuallakin elämässä työmieheltä riistetään hänen työnsä tulokset".

Kirjoittaja myönsi, että osuuskaupoissa jo niitten alkuajoilta asti on ollut työväkeä. Kirjoittaja ei halunnut kieltää, ettei sillä taholla olisi ollut innokkaitakin osuuskauppaliikkeen harrastajia.

"Mutta yhtä kieltämätön tosiasia on myös, että sosialistien suhtautumisessa osuuskauppaliikkeeseen on ollut semmoista, mikä kysymyksessä olevalle taloudelliselle uudistustyölle on ollut kaikkea muuta mutta ei eduksi. Kun aikoinansa alkoi kehittyä ajatus, että Suomen osuuskaupoille olisi perustettava yhteinen keskusliike, kohtasi se sosialistien taholta kiivasta vastarintaa. Niinpä Kansan Lehdessä kesällä 1903 oli kirjoitus, jossa ankarasti varoitettiin yhteisestä keskusliikkeestä sillä liikkeen itsenäinen persoonista riippumaton varmuus varmistetaan..."

– Syynä oli isän vatsakatarri, joka lääkärin lausuman mukaan vaati muuttamista maalle ja liikojen touhujen jättämistä, muistelen isäni vuosikymmeniä myöhemmin tapahtuman taustoista kertoneen.

Sen verran tosissaan Anselm oli, että päätti noudattaa lääkäriltä saamaansa ohjetta ja muuttaa Tampereelta. Uudeksi paikaksi valikoitui Toijala. Aamulehden uutinen 26.6.1903 kertoo:

Tämän kuun 19 päivä myi kauppias Anselm Saarinen talonsa tontin n: 79 ja 17 kaupunginosasta täällä rakennusmestari H. Tiitolalle

Toijalasta 45 000 markan kauppahinnasta. Vastaanotto tapahtuu 1 p. heinäkuuta, että tämän kuun 19 päivä myi rakennusmestari H. Tiitola Toijalasta omistamansa huvilan kauppias Anselm Saariselle Tampereelta 6 000 markan kauppahinnasta. Vastaanotto tapahtuu 1. Päivänä heinäkuuta.

Tiitolaan Anselm oli tutustunut jo 1800–luvun lopulla, kun Tampereen työväentaloa rakennettiin Tiitolan piirustusten mukaan.

26

Katson risteyksessä oikealle nousevaa Porthaninkatua. Muutaman sadan metrin päässä näkyy entinen opinahjoni Helsingin teknillinen oppilaitos. Kuinkahan moni opiskelijakavereistani on vielä hengissä? Muutaman tiedän jo vuosia sitten jättäneen maallisen vaelluksensa mutta minä se vain selvittelen menneitä asioita, ajattelen kävellessäni kohden Kallion kirkkoa.

Aistin Kallion, entisen työläiskaupunginosan, ilmapiirin. Tunnelman, johon liittyy juopottelua, pimeän pullon myyntiä, kurjia ihmiskohtaloita. Olen katsomassa seutua, jossa Anselm–isoisäni omisti eräästä talosta useita osakkeita. Vilkaisen vielä teknillisten oppilaitoksen rakennusta ja mietin, miten isoisäni oli oppinsa saanut? Oliko hän vain kiertokoulun käynyt? Miten ihmeessä hän oli oppinut matematiikka. Vai onko niin, että toiset ovat vain niin paljon lahjakkaampia ja menestyvät sillä. Ehkäpä siihen aikaan riitti "kun markalla osti ja kahdella myi, niin prosentin voitti".

Kauempana kolistelee raitiovaunu aivan kuin 40 vuotta sitten, jolloin epävarmana nuorukaisena kiiruhdin "Tekun" pääsykokeisiin. Sinä vuonna Helsingin yleisurheilun Euroopan mestaruuskilpailuissa Juha Väätäinen voitti kultaa ja silloin alkoi myös suomalaisen kestävyysjuoksun uusi tuleminen.

Muistan sen päivän, kun nousin Helsingin Tekun muutamat rappuset ja astuin isoon luentosaliin. En viihtynyt sen ilmapiirissä. Tunsin, ettei päivästäni tulisi hyvä. Paikka ei muistuttanut aikaisempia opinahjojani, siinä oli kuitenkin sitä kummallista tunnetta, joka oli vaivannut minua vuodesta ja koulusta toiseen siirtyessäni. Seinissä huokui vastaani epäonnistumisen pelko. Se oli sietämätöntä. Siinä minä kuitenkin istuin joukon mukana ja tiesin, että vain joka neljäs kokeisiin osallistuneista pääsee syksyllä opiskelemaan. Monta nuorta miestä; toisaalta luottavaisena tulevaisuuteensa, toisaalta pelokkaina epäonnistumisesta ja siitä, että elämä muodostuisi varsin toisenlaiseksi, jos opiskelu tyssäisi. Kaverini Veka istui eturivissä kuin se antaisi paremmat mahdollisuudet läpäistä kokeet.

Pidin kysymyspaperia hetken käissäni ennen kuin aloin lukea. Luettuani tehtävät, vastasin helpommasta vaikeampaan. Vaikka sali oli täynnä ihmisiä, tunsin olevani yksin. Hiljaisuuden keskeytti vain paperin rapina, kun joku käänsi paperiaan.

Ruokatauko oli puolenpäivän aikaan. Kävelimme Vekan kanssa läheiseen baariin ja tilasimme aterian. Veka oli varma vastauksiensa oikeellisuudesta. Tunsin entistä suurempaa epävarmuutta.

– Ei tästä mitään tule. Mokailin koko aamupäivän, sanoin allapäin. Veka katsoi minua luottavainen ilme kasvoillaan. Hän näytti hämmästyttävän hyvätuuliselta. Hän oli minua muutaman vuoden nuorempi ja oli leikkauttanut tukkansa siiliksi. Itselläni oli pitkä, takaa lähes hartioille ulottuva tumma tukka. Beatles–aika oli jo takana. Minulle tukka oli jotenkin muisto siitä ajasta, jolloin yritin opetella kitaran soiton alkeita ja isäni sanoi, että voisin välillä harjoitella myös jotain toistakin kappaletta.

– Kun on syöty, lähden himaan.

– Älä lähde. Et menetä mitään, jos vielä jäät. Vekan ääni oli kannustava, kun hän voiteli leipäänsä.

– Jotenkin musta tuntuu, ettei tästä tuu taaskaan mitään. Mä olin vuosi sitten näissä kokeissa, enkä päässyt opiskelemaan. Nyt tuntuu siltä, että turhaan mä olen taas täällä.

– Tuu vaikka minun kaveriksi, Veka sanoi ja sipaisi lisää voita leivälleen. Hän suhtautui luottavaisesti onnistumiseensa ja minä tunsin itseni luovuttajaksi, epäonnistujaksi, jolla kaikki menee pieleen. Olin hetken vaiti ja tuijotin vain ruoka–annostani; perunamaamuusin päällä oli ruskeaa kastiketta ja muutama lihapyörykkä lillui sen joukossa. Ruoka ei maistunut.

Veka istui rennosti vailla minkäänlaista epäilystä siitä, ettei hän pääsisi opiskelemaan. Hän oli kuin pääsykokeet olisivat vain hänen osaltaan pieni muodollisuus. Katsoin häntä epätietoisena, mitä vastaisin. Olinhan toisaalta koko kevään tehnyt töitä sen eteen, että läpäisisin kokeet, miksi en siis voisi olla vielä iltapäivän. Asia ei ollut minulle yhden tekevä. Siitä riippui tulevaisuuteni. Todellakin, mitä menettäisin muuta kuin muutaman tunnin hikoilun, jos raahautuisin koesaliin. Lopulta tiesin tekeväni ainoan oikean ratkaisun.

– Voinhan tulla. Olet oikeassa. En minä mitään menetä, sanoin ja tunsin oloni huojentuneeksi, en sentään ollut sittenkään vielä luovuttanut.

Veka kohotti katseensa ja nosti haarukan sekä laittoi lihapullan suuhunsa. Asia olisi loppuun käsitelty. Yritin hymyillä luottavaisesti samalla kun söin väkinäisesti omaa annostani..

Hymähdän muistoilleni, sillä muutamia viikkoja kokeiden jälkeen minulle tuli tieto, että olin päässyt opiskelemaan mutta Veka ei ollut valittujen joukossa. Niin se vain on, jos ei anna periksi, pääsee varmemmin päämääräänsä. Siis myös isoisäni tarinan tutkimisen oli jatkuttava sitkeästi, eikä periksi tulisi minun antaa. Minun on selvitettävä, mikä sai hänet ostamaan Kalliosta asuntoja ja laittamaa ne vuokralle.

Sellaista elämä on, ajattelen jatkaessani matkaani kohden Kallion kirkkoa.

Oliko Anselm oivaltanut, että 1900–luvun ensimmäisellä kymmenluvulla Kallion asukasluku kasvoi lähes kaksinkertaiseksi ja samanaikaisesti tarvittiin asuntoja. Niihin aikoihin Kallioon syntyi talonomistajien yläluokka, työväen asuntoyhtiöissä asuva ammattityöväestö sekä työväen vuokra– ja alivuokralaisasukasluokka. Miten entisestä työväenliikkeen aktiivista oli tullut alueen talonomistajien yläluokkaan kuuluva vuokaranantaja, siinä oli eräs kysymys, jota yritin ratkaista. Voi olla, että hän etääntyi työväenaatteesta silloin, kun työväenliike alkoi radikalisoitua. Mikä oli Yrjö Mäkelinin vaikutus isoisäni päätöksiin? Vai oliko vain niin, että liiketoiminta meni aatteen edelle? Sattumallakin on osuutensa siihen, miten ihmisen elämä muuttuu.

Puinen, kaksikerroksinen talo, josta Anselm omisti osakkeita, sijaitsi Neljännen linjan ja Siltasaarenkadun risteyksessä. Elämää siinä talossa, joskus 1950–luvun alussa, kuvaa hyvin Torsti Lehtinen romaanissaan "Kun Pitkäsilta päättyy".

Uusi kotini oli kuin kopio piikistä, kakluuni ja vaatekomero vain olivat vaihtaneet paikkaa, katto valkoisempi, tapetit ehjät ja vähemmän likaiset.... Vesikraana oli rappukäytävässä, mutta liiteri sitäkin kauempana, alapihalla Ylätalon hevostallin takana. Ylätalo oli Kaupungin viimeisiä vossikkakuskeja.

Nyt sitä taloa ei enää ollut, sillä vuosia sitten, eräänä syyskuun päivänä Kallion kaupunginosasta häipyi jälleen pari puutaloa, kun tilalle rakennettiin kivitalot. Nyt paikalla seisoi viisikerroksinen asuintalo. Samalla kaupunginosa alkoi muuttua.

Pysähdyn Siltasaarenkadun risteykseen ja katson kadun toiseen päähän Pitkänsillan toiselle puolelle yli sillan, joka aikanaan jakoi kaupungin eri yhteiskuntaluokkiin. Kaukana häämöttää Suurkirkko ja selkäni takana nousee Kallion kirkko mahtavana ja kivisenä kohoten koko kaupunginosan yläpuolelle.

27

Rautatieliikenne antoi 1900–luvun alussa mahdollisuuden liikkumiseen. Tuskin monikaan, torppari tai mökin ukko kulki junalla. Joidenkin tietojen mukaan Anselm Saarinen kävi liikematkalla Pietarissa junalla, miten ja milloin, siitä ei ole tarkempaa tietoa.

Tiedetään, että 1900–luvun alkuvuodet olivat merkittäviä koko Suomen kannalta. Myös se porukka, johon Anselm kuului, sai paljon aikaan: siitä nousi kaksi kansanedustajaa, perustettiin lehti ja osuuskauppa sekä rakennettiin työväentalo ja kehitettiin raittiusliikettä.

Jossain vaiheessa tapahtui jotain, joka sai Anselmin lähtemään pois Tampereelta Toijalaan ja sieltä Pälkäneelle. Vaikuttivatko Tampereelta lähtöön erimielisyydet Työväen osuuskaupan johtokunnan kanssa? Johtokunnalla kun oli saatavien perimisessä puuhaa sillä kaupanhoitaja on omin valtuuksin antanut eräiden summien ylittyä jopa huomattavasti.

Anselm muutti perheineen Toijalaan. Siellä hän oli perustamassa yhdessä Juho Hellbergin kanssa tapettitehdasta, ja oli käynnistämässä Osuuskauppaa myös Toijalaan. Perheeseen syntyi poika, Yrjö– setäni. Pari vuotta kului joutuin ja Toijalan aika jäi perheellä kuitenkin vain parin vuoden mittaiseksi.

Vuonna 1905 maailma muuttui kovaa vauhtia. Pietarissa keisari Nikolai II:n henkivartiokaarti ampui aseettomia mielenosoittajia. Japanin sota oli tappiollinen ja kallis venäläisille ja kansa nousi vastustamaan sitä. Ympäri Venäjää lakkoiltiin. Poliittinen kuohunta kaipasi uudistuksia ja demokratiaa, mutta keisari ei halunnut luopua valta–asemastaan. Mellakoiden ja lakkojen aalto levisi koko valtakuntaan.

Myöhemmin samana vuonna Suomen suurimmissa kaupungeissa kokoonnuttiin ennennäkemättömän laajoihin mielenosoituksiin. Työväestön laaja joukkokokous vaati yleisillä ja yhtäläisillä vaaleilla valittua kansalliskokousta säätämään maahan uutta perustuslakia. Ensimmäinen venäläistämiskausi päättyi Suomen suuriruhtinaskunnassa 4. marraskuuta 1905 ja uuden valtiopäiväjärjestyksen valmistelut aloitettiin.

Pälkäneen ensimmäisenä kauppiaana toimi Johan (Juho) Syrjänen. Hän oli perustanut kauppansa Onkkaalaan vuonna 1865. Syrjänen myi kauppansa vuonna 1905 Anselm Saariselle. Näin Anselmi perheineen muutti Pälkäneelle.

Kauppa oli kirkonkylässä aivan kirkon vieressä. Tavaravalikoimat eivät yleensä tuollaisessa maalaiskylän kaupassa olleet kovinkaan laajat. Anselmin kaupassa valinnan varaa oli kuitenkin enemmän kuin muissa paikkakunnan kaupoissa, joten väkeä kaupassa kävi. Anselm oli vuosien varrella oppinut ammattinsa ja oli osaava myyjä. Vaimo auttoi häntä, vaikkei luonteeltaan ujona sopinut kauppahommiin yhtä hyvin kuin miehensä. Anselmilta juttu luisti mukavan jouheasti samaan aikaan, kun hän kaatoi siirappia suuresta kannusta tai punnitsi jauhoja tai kahvia emäntien nyytteihin.

Syrjäsen kaupalla oli ollut yksinoikeus ostaa hiivaa suoraan Hyvinkään tehtaalta. Useimmissa taloissa leivottiin leipää itse ja siten myös hiivaa myytin paljon. Hiivatehtaat ryhtyivät kuitenkin kiristämään myyntiehtojaan ja määräsivät alennusten suuruuden riippuvaiseksi vuosiostojen määrästä. Tästä Anselm sai ajatuksen kerätä yhteen useampia kauppiaita, jotta yhteisostoin voitaisiin saada tehtaalta suuremmat alennukset ja samalla helpottaa tavaran kuljetusta sekä saantia syrjäisemmillekin seuduille. Tehdas myönsi 12 prosentin alennuksen hiivan suurostajille. Anselm otti huhtikuussa 1905 yhteyttä Matti Lahdensuuhun Toijalassa, Matti Saloon Siurossa, Antero Hyväriseen Lempäälässä ja Jukka Hyväriseen Kangasalla. Kauppiaat pitivät Tampereella 7.4.1905 neuvottelukokouksen, jonka seurauksena perustettiin seuraavan vuoden huhtikuussa Maakauppi-

aitten Osuusyhtiö, jonka tarkoituksena oli toimia kauppiaiden tukku-
liikkeenä. Tuskin Anselm osasi ajatella, että aikaa myöten se siirtyisi Hel-
sinkiin vuonna 1910 ja puolestaan tulisi sulautumaan vuonna 1940
Keskoon.

Kauppojen aukioloaikoja ei ollut määritelty. Jos liike oli suljettu,
saattoi Anselmin kauppaan pistäytyä ostoksille takaovesta. Sunnun-
tait olivat hänen kaupassa vilkkaita myyntipäiviä. Silloin kauppaa
saatettiin tehdä enemmän kuin muina viikonpäivinä yhteensä. Kaup-
pa oli ihan kirkon vieressä ja sinne oli kirkkoväen kätevä pistäytyä
ostoksille kirkonmenojen jälkeen. Tosin kauppiasperheen pyhärau-
hasta ei ollut silloin tietoakaan.

Pyhäpäivien ostojen paljous lienee ollut syynä siihen, että Anselm
sai ajatuksen kioskin perustamisesta tontin kirkon puoleiseen päähän.
Kioskeja ei kaupungeissa niihin aikoihin ollut monia. Anselmin
kioski oli Pälkäneen ensimmäinen. Myyjiä hänellä ei liiemmin ollut.
Kaupassa oli Anselmin ja Matildan lisäksi vain yksi apulainen, joten
Anselmi määräsi vanhimman tyttärensä Jennyn, joka oli silloin 10–
vuotias kioskin hoitajaksi ja 8–vuotiaasta Kaisasta tehtiin tiskaaja
kioskinhoitajan avuksi. Kioskissa myytiin limonaatia ja korvapuuste-
ja. Näin lapset joutuivat olemaan mukana kaupan töissä aivan pienes-
tä pitäen.

Markkina–aikaan oli kaikkien oltava vahtimassa, ettei markkina-
väki päässyt näpistelemään mitään ja joskus, kun oli oikein kiire,
lapset saivat myydäkin. Saattoi käydä niinkin, ettei kassa täsmännyt,
vaan osoitti suuresta myynnistä huolimatta aikamoista vajausta. Sil-
loin Anselm saattoi suuttua. Tuhlausta hän ei sietänyt ja yritti opettaa
lapsiaan vielä täysi–ikäisinäkin taloudellisuuteen. Kaukonäköisyyttä
hän osoitti kannustamalla lapsiaan hankkimaan opillista sivistystä.
Tällainen ajattelutapa oli vielä melko harvinaista varsinkin miesten
keskuudessa. Ehkäpä hänen suuri arvonantonsa opiskelua kohtaan
tuli siitä, ettei hän itse ollut käynyt kuin kiertokoulun. Koulu ei hä-
nen mielestään kuitenkaan saanut vieroittaa elävästä elämästä. An-

selm itse ei lukenut muuta kuin sanomalehtiä ja tutki almanakan tarkkaan.

Anselmin kauppiaana toimimisen intoa kuvastaa se, että hän kerran möi eräälle ostajalle lakin omasta päästään ja toisen kerran huovan omasta sängystään. Jos kauppaan tuli kangasta, jonka menekki jostain syystä oli pieni, mainosti hän sitä varsin omaperäisellä tavalla; sellaisesta kankaasta tehtiin puvut perheen lapsille, minkä jälkeen ei kestänyt kauaakaan, ennen kuin kangasta alettiin ahkerasti kysyä.

Pälkäneellä pidettiin Onkkaalan kansakoululla kokous 1.11.1905. Paikalle oli saapunut noin neljäsataa miestä ja naista. Aluksi G.I. Blåfield selosti tilannetta ja sitten puheenjohtajaksi valittiin kauppias Anselm Saarinen. Ilmapiiri oli innostunut.

"Hengitettiin kerran vapaata ilmaa. Ei pelätty poliisia eikä spioonia", kertoi eräs kokouksessa mukana ollut. Keskustelun jälkeen päädyttiin kannattamaan Yrjö Mäkelinin ns. punaista julistusta, jossa vaadittiin senaatin eroa ja kehotettiin Helsingin asukkaita valitsemaan väliaikainen hallitus. Lisäksi julistuksessa vaadittiin Suomen tunnustamista erilliseksi mutta Venäjään kuuluvaksi valtioksi.

Tässä kokouksessa tulivat ensimmäistä kertaa Pälkäneen puolueiden väliset erimielisyydet selkeästi esiin. Tässä näkyi kunnallispolitiikassa vaikuttanut piirre; sosialistit ja nuorsuomalaiset perustuslailliset liittoutuivat vanhasuomalaisia vastaan. Kokous valitsi lopulta "Pälkäneen kuntalaisten valiokuntaan" G.I. Blåfieldin, kauppias Anselm Saarisen, suutari Heikki Roosin, kirkkoherranrouva Jumeliuksen, räätälinrouva Salmisen, ja Minna Hägerin. Valinta herätti toisaalta työväestössä epäluuloja, sillä he katsoivat nuorsuomalaisten vain käyttäneen heidän kannatustaan taktisena keinona voittaa vanhasuomalaiset.

Suomen itsenäisyyttä edeltäneet vuodet olivat monien mullistusten ja muutosten aikaa. Olihan Suomessa annettu kolmantena maailmassa ja ensimmäisenä Euroopassa naisille äänioikeus vuonna 1906 osana yleistä ja yhtäläistä äänioikeutta. Samalla sallittiin naisille myös oikeus asettua ehdolle vaaleissa ja vuonna 1907 eduskuntaan

valittiin maailman ensimmäiset naisparlamentaarikot. Kunnallisase-
tus antoi mahdollisuuden valita erillinen kunnanvaltuusto, jolle osa
kuntakokouksen tehtävistä siirtyi. Valtuuston valitseminen olikin
asioiden joustavan hoidon kannalta hyvä ratkaisu.
Pälkäneellä valtuuston perustaminen tuli esille vuoden 1906
syyskuun kuntakokouksessa. Tuolloin päätettiin valita kuntaan val-
tuusto. Asiaa valmistelemaan asetettiin komitea, johon kuului edusta-
jia kaikista poliittisista ryhmittymistä. Vanhasuomalaisia edustivat
komiteassa kauppias Anselm Saarinen. Hän oli tässä vaiheessa muut-
tanut poliittista linjaansa. Komitea oli sikäli tasapuolisesti valittu,
että vanhasuomalaisilla ja nuorsuomalaisten sekä sosialistien muo-
dostamalla koalitiolla oli yhtä monta edustajaa. Työnsä tuloksena
komitea ehdotti, että Pälkäneelle valittaisiin 24–jäseninen valtuusto,
josta vuosittain aina eroaisi kahdeksan jäsentä.

Huomioni kiinnittyy siihen, että Anselm oli, vajaa kolme vuotta
Tampereelta muuttonsa jälkeen siirtynyt vanhasuomalaisten listoille.
Se mistä se johtui, ei minulle selviä. Mitä niiden kolmen Toijalan
vuoden aikana tapahtui? Oliko hän omaksunut vanhasuomalaisten
ajattelun? Puolueen ideologisena perustana olivat sosiaalireformismi,
konservatiivisuus, suomenmielisyys ja yhtenäisen kansakunnan luo-
minen. Tämän toteuttamiseksi katsottiin tarpeelliseksi saattaa suo-
men kieli ruotsin kielen tasalle maan viralliseksi kieleksi.
Pälkäneen valtuusto kokoontui ensimmäisen kerran 15.5.1907.
Poliittiset erimielisyydet varjostivat kuitenkin toimintaa jo tuossa
kokouksessa. Anselmin poliittinen toiminta jatkui Pälkäneellä, kuten
oli ollut Tampereellakin. Samoin hän osallistui innolla paikalliseen
raittiustoimintaan.
Kunnallislautakunnan toimivaltaan kuului myös verotuksen jär-
jestäminen ja kunnallisveroista vapauttaminen. Perustettiin erillinen
tutkijalautakunta, joka valittiin ensimmäisen kerran vuonna 1906.
Lautakuntaan kuului aluksi viisi jäsentä ja puheenjohtajana oli kaup-
pias Anselm Saarinen. Myös itsenäistä apteekkia varten valittiin
saman vuoden joulukuussa komitea, johon kuului kappalainen J.W.
Wallinheimo ja kauppias Anselm Saarinen. Senaatti hyväksyi Pälkä-

neen hakemuksen vuonna 1907 ja apteekki saattoi aloittaa toimintansa vuoden 1908 alusta.

Pälkäneen raittiusseura oli toiminut pääasiassa Onkkaalan koululla. Jossain vaiheessa alettiin harkita oman talon hankkimista. Keväällä vuonna 1905 seura päätti kokouksessaan kahden äänen enemmistöllä hankkia talon kauppias Anselm Saariselta. Hinta oli kuitenkin 6000 markkaa, ja korjauksineen talo olisi tullut arvioiden mukaan maksamaan yhteensä noin 10 000 markkaa. Seuran vähäisiin varoihin nähden hinta oli varsin korkea. Vanhojen jäsenten vastustuksesta huolimatta talo hankittiin.

Kesäkuussa 1906 perheeseen syntyi toinen poika: Erkki Johannes, isäni. Siinä vaiheessa isäni lisäksi perheen lapsia olivat: Jenny, Kaisa, Eeva ja Yrjö. Myöhemmin vielä syntyi Mirja–tätini.

Yleinen kansalaiskokous Pälkäneellä, johon oli kutsuttu raittiutta harrastavia kansalaisia keskustelemaan Tampereen väkijuomaliikettä koskevista asioista, päätti kokouksessaan Pälkäneen raittiustalolla ottaa väkijuoma–asiaan kantaa. Anselmi kirjoitti kansalaiskokouksen valtuuttamana Kansan Lehteen tiukkasanaisen kirjoituksen, joka käsitteli väkijuomakysymystä. Hän osoitti sen Tampereen kaupungin valtuusmiehille.

"Yksimielisesti herroille valtuusmiehille ilmoittaa, että kokous syvästi katkeroituna siitä pahennuksesta, jota Tampereelta tänne tulvivat väkijuomat paikkakuntalaisille ovat tuottaneet. Vakavasti vaatii, että valtuusto kantamme onnen ja menestyksen tähden päättäisi ensi kesäkuun ensi päivästä sulkea kaiken paloviinan ym. väkijuomain myynnin Tampereella."

Vaikka ilmiselvästi Anselmilla oli muuttoaikeita Tampereelle, hän oli Pälkäneellä vielä monessa mukana. Syyskuun lopulla 1907 hän vaikutti vaivaistalon rakennustoimikunnan puheenjohtajana. Kansan Lehti kertoi syyskuussa 1907, että rakennusurakkahuutokauppa pidetään Pälkäneen Onkkaalassa raittiustalolla maanantaina lokakuun seitsemäs päivä kello 12 päivällä, jossa tarjotaan vaivaistalo urakalla rakennettavaksi ensi talven ja kesän kuluessa. Lähempiä tietoja sai huutokauppatilaisuudessa sekä sitä ennen Anselmilta, jolla myös piirustukset olivat nähtävänä.

Anselmin perheen olo Pälkäneellä jäi varsin lyhyeksi, sillä pieni uutinen 25.10.1907 kertoi: "Kauppias Anselm Saarinen oli myynyt omistamansa kauppatalon Pälkäneen pitäjän Onkkaalan kylästä apteekkari B. Björkmannille, Lawiasta. Taloon sijoitettiin Pälkäneen vasta perustettu apteekki. "

Anselm muutti vaimonsa ja lastensa kanssa takaisin Tampereelle, jossa hän jatkoi kauppiaan ammattia Puutarhakadun ja Mustalahdenkadun kulmassa. Vuonna 1908 kaupungissa elettiin eräänlaista sopeutumisaikaa. Vuosi 1906 oli ollut taloudellisesti muita epäsuotuisampi. Työväki oli edellisen vuoden suurlakon jälkeen järjestäytynyt ammattiyhdistyksiksi ja – järjestöiksi ja vuonna 1907 oli järjestetty laaja lakkoliike, joka jatkui vielä seuraavankin vuoden puolelle. Väkiluku lisääntyi teollisuuden kasvaessa kun maaseudulta ihmiset muuttivat työn perässä kaupunkiin.

Pälkäneellä oli dynamiittikauppa ollut Anselmin hallinnassa. Kun hän muutti pois Pälkäneeltä, pitäjä jäi kokonaan ilman räjähdysainetta myyvää liikettä. Kauppias Keiniälle dynamiittikauppaoikeudet myönnettiin vasta vuonna 1909, kun nimismies Julius Pomoell ei katsonut voivansa luottaa Osuuskauppaan, jonka hoitaja vaihtui jatkuvasti.

Miksi Kalle Lehtinen ja Anselm Saarinen myivät tukku– ja vähittäiskauppaliikkeensä tyrvääläiselle kauppias Vilho Koskiselle toukokuun lopussa, sitä en tiedä. Vaikuttivatko asiaan osuuskauppaliikkeen poliittiset muutokset?

Tavaroita alettiinkin hankkia 1904 perustetun SOK:n eli Suomen Osuuskauppojen Keskuskunnan välityksellä. Yhteistoiminnan tulokset olivat myönteisiä. Kehitystä mutkisti osuustoiminnan joutuminen poliittisen kilpailun kentäksi. Toiset osuuskaupat olivat sosialistien ja toiset porvarien hallussa. Kaikkien tukkuliikkeenä toimi SOK, kunnes 1916 perustettiin Kulutusosuuskuntien Keskusliike (KK), jolloin yksittäinen osuuskauppa saattoi päättää, kumman jäsen halusi olla: porvarillisen SOK:n vai sosialistisen KK:n.

Vuosi 1916 oli Tampereella hankala. Ensimmäinen maailmansota pahensi kansalaisten arkea. Eniten hankaluutta aiheuttivat elintarvikepula ja siitä seurannut elintarvikkeiden jyrkkä hinnannousu.

Tammikuussa 1917 Aamulehdessä kerrottiin, että osuustoimintatoiminta–alalla edellinen vuosi oli ollut tuloksellinen. Kinastelu vallasta oli kuitenkin vienyt hajaannukseen. "Edistysmielisten" nimellä tunnettu sosialistinen osuuskauppaväki erosi osuuskauppojen liitosta ja perusti Kulutusosuuskuntien keskusliiton. Suomen Osuuskauppojen Keskuskunta, jonka myynti oli lisääntynyt, oli saanut olla taistelujen ulkopuolella. Näytti siltä, että taistelu puolueettomien ja sosialistisen osuustoimintaväen välillä tulisi viemään heidät sen pyörteisiin.

Näytti siltä, että tämä oli aivan vastakkaista sille, mihin osuustoiminta–aate tähtäsi, se kun oleellisesti edellytti yhteenkuuluvaisuuden tunnetta.

Tampereen työväen osuuskauppa sitoutui työväenliikkeeseen, kun taas Finlaysonin ja Pellavatehtaan osuuskauppojen johdot eivät tällaista politisoitumista hyväksyneet. Liikkeiden yhdistämistä mietittiin vuosien varrella ja lopulta vuosien 1914 – 15 vaihteessa Finlaysonin osuuskauppa osti Tampereen työväen osuuskaupan ja 1917 lopulla kolme liikettä yhdistyi osuusliike Voimaksi. Kun Tampereen osuuskauppa osti Tuotannon 1918, oli kaupungin osuustoiminta keskittynyt kahtia. Voima oli sitoutunut sosialistiseen työväenliikkeeseen ja Tuotanto oli porvarillinen.

28

Muistot ovat kummallisia. Ne saattavat pulpahdella aivan yllättäen juuri silloin kun niitä vähiten odottaa. Mieleeni palautui eräs keskustelu isäni kanssa. Anselm perheineen oli asunut Pälkäneeltä muuton jälkeen pitkään Tampereella ja isäni oli kasvanut jo aikamoiseksi pojanviikariksi, joka kiipeili puissa ja ihmetteli maailman menoa nuoren pojan silmin. Anselm puolestaan uurasti liikemiehenä ja kaupunginvaltuutettuna.

Elettiin 1910–luvun puoltaväliä. Vuonna 1916 Tamperelaisten elämää vaikuttivat pitkälti vaihtelevat elinolosuhteet. Kaupungissa oli kulkutauteja ja muutenkin vallitsivat epävakaat taloussuhdanteet. Raju lavantautiepidemia levisi Tampereella alkuvuodesta 1916 koetellen erityisesti kaupungin köyhää työväkeä. Samaan aikaan ensimmäinen maailmansota vaikutti ihmisten jokapäiväiseen elämään elintarvikepulan ja nousseiden hintojen muodossa.

Yksistään kurjuutta ei sota tuonut tullessaan, sillä sodan kiihdyttämä teollisuus tarjosi monille myös työtä ja mahdollisuutta parempaan ansioon.

– Tampereella oli kaunis, lämmin, loppukevään iltapäivä. Ei sellainen, kuin nykykeväiden sateiset ja harmaat päivät, isäni muisteli sitä päivää, jolloin hän istui omenapuun paksulla oksalla. Siinä hänen oli mukava olla ja katsella yli pihan tavoitellen katseellaan Pyhäjärven rantaa.

Omenapuu oli iso ja suuria olivat sen tuottamat omenat. Edellisenä syksynä hän oli yhdessä sisarustensa kanssa yrittänyt mitata, kuinka paljon omenia oli pyykkikorissa. Mittaaminen ei onnistunut, sillä omenat olivat niin suuria, etteivät mahtuneet sisälle litran mittaan. Omenat oli kerätty vietäväksi ilmaiseksi lastenkotiin.

– Omenapuu kasvoi pienessä aidatussa puutarhassa Satamakatu kahdeksan laajassa pihassa. Puun oksat lähtivät matalalta paksuina haaroina, joten minun oli helppo kiivetä korkealle. Siellä minä istuin ja mietin liki kymmenvuotiaan pojan mietteitä, isäni muisteli. Hänen istuessaan omenapuussa, ajatellen pienen pojan ajatuksia alkoivat tapahtumat, joista hän minulle sitten kertoi.

– Äkkiä idyllin rikkoi Yrjö–veljeni huuto: Ekku tule mukaan, mennään Pyhäjärven rantaan. Minä äkkäsin heti, mistä oli kysymys. Laskeuduin puusta ja juoksin Yrjön luo. Pihan erotti kadusta pari metriä korkea lankkuaita. Ryntäsimme aidassa olevasta portista Satamakadulle, jatkoimme Pyynikille päin ja seuraavasta kadunkulmasta käännyimme Pyhäjärvelle. Kengät kopisten kirmasimme kuin kovassakin kiireessä.

Katsoin kummastuneena isääni, joka kertoi omaan tasaiseen tahtiinsa. Hän tajusi, että minua mietitytti kenkien kopina.

– Niin kyllä ne kengät kopisivat. Muistan sen aivan selvästi, sillä siihen kopinaan liittyi tärkeä asia. Oli näet niin, että kun puolisen tuntia myöhemmin juoksimme takaisin samaa tietä, ei kenkien kopinaa kuulunut. Me juoksimme paljain jaloin kengät käsissämme, nauttien paljaiden jalkapohjien kosketuksesta auringon lämmittämiin katukiviin.

Isäni muisti sen lapsuuden onnen tunteen, jonka hän koki veljensä kanssa, sillä pojille oli koittanut kesä ja heillä oli kiire kertomaan isälleen, että Pyhäjärvestä olivat jäät lähteneet.

– Se jäiden lähtö oli isäni määräämä aikaraja. Kun Pyhäjärvestä olivat jäät lähteneet, saimme riisua kengät jalastamme ja olla paljain jaloin koko kesän ja mehän olimme.

Sitten isäni oli hetken hiljaa kuin muistellen jotakin.

– Olitteko todella paljain jaloin koko kesän? kysyin hiukan epäuskoisuutta äänessäni.

– Milloin syksyllä otettiin kengät taas käyttöön, sitä en kyllä muista. Sehän ei ollutkaan mikään hauska asia.

Isäni oli jälleen hetken vaiti, katsoi ikkunasta ulos, kuin löytääkseen uusia muistoja ajasta, joka oli jäänyt kauaksi taakse. Sitten hän kääntyi minuun päin.

– Pian tämän paljasjalkaisuuden jälkeen seurasi meille pojille toinenkin suven seremonia. Siinäkin oli isä, siis sinun isoisäsi, mukana. Meidän kaikkien kolmen, isäni ja molempien poikiensa hiukset ajettiin näet millin koneella päästä. Pulipäitä olivat Saarisen perheen koko miesväki kesän ajan.

– Muistako? Kyllä sinäkin leikkasit meidän poikien hiukset sellaisella käsikäyttöisellä leikkurilla, sanoin. Isäni hymyili ja kertoi, kuinka pulipäätapa oli hänen isälleen jonkinlaista terveysterapiaa.

– Vielä ikäihmisenäkin hän ajatti hiuksensa pois kesäksi, aivan pulipääksi. Kesäkuumalla hänellä oli tapana peittää päänsä nenäliinalla, jonka kaikki kulmat oli solmittu niin, että syntyi kalotti, joka suojasi päänahan pahimmalta auringonpaisteelta. Ja muistan, miten hän aamuisin valeli päänsä kylmällä vedellä. Talvellakin. Niinpä hänellä ei ollut kuollessakaan kaljua kohtaa päässään. Harventuneet ne hiukset tosin olivat mutta ei kaljua lainkaan.

– Olikohan se sitten sen pulipääterapian ansiota?

– Mene ja tiedä, mutta me pojat taas olimme koko kesän aivan paljain päin, ei edes nenäliinaa päässämme. Niin kuin olivat jalat paljaat, niin oli pääkin. Se kuului kesään.

29

Avasin tietokoneeni mietteliäänä mieli täynnä kysymyksiä. Aloin tutkia Wikipediasta, mitä Tampereella vuosina 1907– 1918 tapahtui. Syvennyin pitkäksi aikaa teksteihin. Anselmia koskevaa tietoa en löytänyt. Sanoin itselleni, ettei Internet olisi ainoa tietolähteeni.

Minulla oli pari hyvää syytä jatkaa lukemista ja salapoliisityötäni isoisäni tarinan selvittämiseksi. Toinen oli se, että kukaan muu tuskin tulisi sitä tekemään, mikä olisi oman sukumme kannalta ikävä asia. Ja toinen syy oli se, että olin yksinkertaisesti utelias. Hänen elämässään oli lukuisia sellaisia vaiheita joihin halusin selvyyttä. Muutamat tähän selvitystyöhön kuluneet vuodet eivät olleet tilannettani muuttaneet. Työ palasi aina hetkittäin mieleeni. Halusin tietää, miten Anselm luovi elämässään 1900– luvun alun ja kansalaissodan ajan. Oli vain jatkettava tietojen etsintää. Sitä ennen halusin päästä pois työhuoneestani jonnekin missä voisin rasittaa itseäni fyysisesti, tuntea kuinka veri virtaa suonissani. Ja ennen kaikkea tarvitsin aikaa, jotta voisin ajatella.

Pakkasin urheiluvaatteeni kassiini ja lähdin kuntosalille. Hetken päästä hiki kasteli paitani ja maitohappo poltti reisiäni. Annoin katseeni harhailla kuntosalin laitteissa, mutta yhtään isoisään liittyvää ajatuksen häivää en saanut päähäni. Olin jälleen harhauttanut itseni pois tehtävästäni.

Kello oli ylittänyt kuudentoista kun kävelin kotiini. Syksyinen ohut hämärä alkoi peittää maisemaa ja puuskainen, kylmä tuuli lennätti keltaiseksi muuttuneita koivun lehtiä pitkin pihan asvalttia. Avasin rappukäytävän oven ja nousin ne muutamat portaat, jotka johtivat ensimmäisessä kerroksessa olevaan asuntoomme. Vuokratalossa asumisella oli omat hyvät kuin huonot puolensa. Muistin, kuinka Ritu herätti minut eräänä elokuisena yönä.

Herää kellarissa on murtovarkaita, hän kuiskasi tönien minua hereille.

-Ei siellä ketään ole, sanoin ja katsoin, että kello oli puoli kaksi. Käänsin kylkeä ja vedin peiton tiukemmin ympärilleni.

-Kuuntele, mitä ääniä sieltä kuuluu, hän jatkoi. Kuuliin kolinaa talomme päädystä ja kuulosti todella siltä, että ehkä jotain murrettaisiin.

-Ei siellä ole murtovarkaita. Ei kukaan murtovaras tuollaista meteliä pitäisi, että ihmiset heräävät. Siellä porukka hiukan kännissä kolistelee hiekoituslaatikkoa, sanoin ja nousin sängystäni rauhoittaakseni häntä ylös sytyttämättä kuitenkaan valoja. Hetkeen ei kuulunut kuin herätyskellomme yksitoikkoinen tikitys. Sitten jälleen kolahti kuin sorkkaraudalla olisi jotain väännetty auki.

-Minä laitan vaatetta päälleni ja menen katsomaan, mitä siellä on tekeillä.

-Etkä mene! Soita poliisille, Ritu parkaisi.

Siirryin keittiöömme ja katsoin ikkunasta pihallemme. Pyörävaraston vieressä olevan pensaan takaa käveli hoikka huppupäinen mies kohden talomme päätyä häviten nurkan taakse näkyvistäni. Pohjimmiltani olen kai aika varovainen. Nyt minun aivoni työskentelivät analysoiden tilannetta. Olin monesti sanonut, että olen mieluummin elävä pelkuri kuin kuollut sankari. Tuon ajatuksen vallassa hain puhelimen työpöydältäni ja soitin hätäkeskukseen ja kerroin osoitteemme.

-Täällä talossamme on todennäköisesti murto käynnissä, sanoin.

-Näetkö, mitä siellä tapahtuu? hätäkeskuksen nainen kysyi.

-En pysty näkemään tiiliseinän läpi, kivahdin ehkä tarpeettomankin ivallisesti.

-Poliiseja ei ole lähistöllä, jos tilanne jatkuu niin soita uudestaan, nainen sanoi.

-Joo, sanoin hölmistyneenä. En voinut ymmärtää, ettei poliisipartioita ollut lähimailla. Valtion tehostamistoimet olivat varmaan silläkin saralla purreet. Muutaman sanan vaihdettuamme suljin puhelimeni.

Kolinaa kuului vielä hetken aikaa. Nukahdimme lopulta. Aamulla menin kellaritiloihin ja totesin, että usean kellarikomeron lukot oli murrettu voimapihdeillä, tavaroita oli pengottu ja osa heitetty pitkin käytäviä. Minulta oli varastettu kahdentuhannen euron polkupyöräni.

30

Jatkan siitä, mihin aikaisemmin jäin. Tampereella vuosina 1917 –
1918 elettiin varsin turvattomia aikoja. Yrtin muistella, mitä tiesin
Suomen itsenäisyyttä edeltäneistä vuosista, sen ajan osuuskauppojen
kehittyksestä tai työväenliikkeen toiminnasta, joka johti kansalaisso-
dan alkamiseen. Vai oliko kyseessä punakapina, vapaussota tai sit-
tenkin veljessota?

Anselm valittiin Tampereen kaupungin valtuustoon ja näytti siltä,
että hän teki selkeää eroa työväenliikkeeseen. Vuosi vaihtui ja kau-
punginvaltuuston asialistalla oli monta päätettävää asiaa.

Maassa oli puutetta voista, sokerista ja kahvista, jotka vuoden
loppua kohden häipyivät kauppojen hyllyiltä. Lisäksi kärsittiin pulaa
myös polttopuista.

Vuoden 1917 Tampereen kaupunginvaltuuston vuoden ensimmäi-
sessä kokouksessa toimitettiin ensimmäiseksi puheenjohtajan vaali.
Anselmi ehdotti puheenjohtajaksi edelleen varatuomari Einar Ahl-
mania. Ahlman kuitenkin toivoi, että hänet vapautettaisiin tehtävästä
yksityisasioiden vuoksi. Hän esitti tilalleen valittavaksi insinööri
Lavoniusta. Lavonius puolestaan oli samaa mieltä Anselmin kanssa.
Asia eteni lopulta lippuäänestykseen ja Ahlman valittiin uudelleen
valtuuston puheenjohtajaksi. Miksi Anselm kannatti Ahlmannia
vaikka hänellä itsellään oli kannatusta puheenjohtajaksi, hän sai ää-
nestyksessä hajaääniä.

Seuraavassa kokouksessa käsiteltiin rahatoimikamarin esitystä, että
kamari oikeutettaisiin palkkaamaan aluksi yhdeksi vuodeksi parmaa-
ja, jonka tehtäväksi tulisi mitata kaikki myytävät halot. Palkka tulisi
olemaan 900 markkaa vuodessa ja kaupunki maksaisi sen. Lisäksi

hän saisi ostajalta yhden metrin pituisten halkojen latomisesta ja mittaamisesta 50 penniä metrisyleltä.

Anselm oli sitä mieltä, ettei tällainen virka olisi tarpeellinen ja ehdotti, että asia saisi raueta. Lindell oli samaa mieltä:

– Koska ei yksi mies kuitenkaan riittäisi, niin siitä aiheutuisi kaupungille turhia kuluja, jos tähän toimeen palkattaisiin useampia, hän sanoi. Valtuusto päättikin lähettää asian valmisteluvaliokuntaan.

Valtuuston neljättäkymmentä asiaa koskevalla esityslistalla oli myös käsittelyssä taksoitus– ja elintarvikeasioita, sillä elintarvikkeista alkoi olla pulaa.

– Sanomalehdet ovat järjestään syynä kaikkien pula–aikojen syntyyn. Toisena syynä ovat rajahintojen erilaisuudet eri puolella maatamme. Valtuusto ei tähän asiaan pysty vaikuttamaan, Anselm sanoi ja muistutti, että polttopuiden osalta asia saattaa olla toinen.

Valtuuston kokousta käsitteli Aamulehden kolumnisti Eprami kriittisesti seuraavassa lehdessä. Varsinkin Anselmin puheenvuoroon hän kiinnitti huomiota. Voidaan vain kuvitella miltä Anselmista tuntui lukea:

"Mutta ämäkös se antoi isä Saariselle vettä myllyyn. Hän otti ja luetteli kaikki pulat, mitä muisti – tuota noin. Olikohan siinä asuntopulakin joukossa en oikein muista – ja sanoi, että sanomalehdet ovat kaikkein suurimpana syynä kaikkiin puliin järjestään. Lähempää selvitystä mielestäni olisi kaivannut esimerkiksi, miten tässä ollaan syypäitä maitopulaan taikka lihapulaan taikka perunapulaan tai sokeripulaan niin ja – asuntopulaan.

Kumpahan vain ei liene niin, että isä Saarinenkin on ostellut varastoja haltuunsa jo ennen kuin sanomalehdissä on mitään asioita puhuttu, sillä monta päivää aikaisemmin, jopa viikkojakin aikaisemmin on huhuja eri pulista ollut liikkeessä, ennen kuin sanomalehdet ovat asiaan puuttuneet. Ja muuten tekisi mieleni siitäkin kysyä, eikö köyhempien ihmisten pitäisi sentään saada jotakin tietoa uhkaavista pulista, jota voisivat edes vähän varautua niitten varalta, etteivät varakkaammat haalisi juuri vallan kaikkea."

Eduskunta hyväksyi itsenäisyysjulistuksen joulukuun 6. päivänä 1917 äänin 100–88, eripuraisuutta ilmeni maassamme laajemminkin. Elettiin suuren murroksen kynnyksellä. Maassa pitkään vallinneen sääty–yhteiskuntajärjestelmän seurauksena, Suomen kansa oli jakautunut kahtia taloudellisesti, sosiaalisesti ja poliittisesti.

Tampere oli poliittisesti radikaalia ja nopeasti kasvanutta teollisuusaluetta. Sotatoimien alkaminen Suomessa tammi–helmikuun vaihteessa ei aluksi näkynyt Tampereella muutoin, kuin vallan siirtymisenä punakaartilaisille.

Missä Anselm Saarinen perheineen oli silloin kun Tampereen punakaarti määrättiin liikekannalle tammikuun 26. päivänä vuonna 1918. Kaartilaisia majoitettiin muun muassa työväentaloon, raittiusyhdistys Taiston taloon, Kansan Lehden taloon ja kaupungintaloon ja useisiin kouluihin, paikkoihin, jotka olivat Anselmille vuosien varrella muodostuneet tutuiksi. Punaisten esikunta asettui Teknilliseen opistoon.

Helmikuun ja maaliskuun alun elämä oli melko normaalia. Kaupat olivat auki, ja elintarvikkeita oli saatavilla, tosin sotajoukkoja liikkui. Kaupat olivat auki ja suurin osa tehtaista käynnissä. Koulut sen sijaan olivat suljettuina. Ihmiset olivat kuitenkin hermostuneita ja tunsivat itsensä turvattomiksi, mikä näkyi esimerkiksi kirkossa käynnin yleistymisenä.

Ensimmäiset sankarihautajaiset pidettiin Tampereella kun juhlallisin menoin haudattiin kolmen taistelussa kaatunutta punakaartilaista maaliskuun seitsemäntenä päivänä.

Lopulta huhtikuun 7. päivänä pidettiin Johanneksen kirkossa jumalanpalvelus, johon myös armeija koottiin. Jumalanpalveluksen jälkeen järjestettiin torilla paraati ja joukkojen ohimarssi. Ennen sitä valtuuston edustajat kävivät kiittämässä tilaisuuteen osallistunutta Mannerheimia "Tampereen kaupungin vapauttamisesta".

Sodan jälkiselvittelyt teloituksineen ja vankileireineen toivat sodan ja sen seuraukset tamperelaisten arkeen pitkäksi ajaksi. Monet lapset jäivät orvoiksi, kun heidän isänsä tai äitinsä tai jopa molemmat haudattiin.

Ehkäpä nämä sodan jälkeiset Tampereen tapahtumat johtivat siihen, että Anselm halusi ottaa etäisyyttä kaupunkiin. Toisaalta voidaan olettaa, että Helsinki, jonne hän perheineen muutti vuonna 1920, antoi laajemmat mahdollisuudet harrastaa liiketoimintaa. Sisällissota on mielestäni eräs Suomen historian ristiriitaisimpia tapahtumia, jonka vaikutus suomalaisiin ja suomalaiseen yhteiskuntaan on ollut pitkäkestoinen. Merkittävin sotaliike oli taistelu Tampereen hallinnasta 16. maaliskuuta – 6. huhtikuuta 1918. Taistelun tuloksena valkoinen armeija valtasi punaisilta maan suurimman teollisuuskeskuksen.

Punaisten viimeiset Kymenlaaksossa sijainneet vastarintapesäkkeet luopuivat taistelusta 5. toukokuuta 1918. Sisällissota päättyi venäläisten sotilaiden vetäydyttyä 14. toukokuuta Karjalan kannaksella Inon linnoituksesta ja suomalaisten valkoisten miehittäessä sen tuhotut tykkiasemat 15. toukokuuta. Alun perin sodanvastaisen ajattelun omaksunut suomalainen työväenliike oli kärsinyt tappion sisällissodassa. Valkoiset sulkivat punakaartilaiset vankileireille.

31

Eräänä päivänä, kun sade piiskaa Heinolasta asti autoni tuulilasia, pohdin, mikä ihmisen elämää ohjaa. Minä ohjaan autoani, mutta kuka ohjaa elämääni? Vaikuttaako sattuma elämäämme? Ne ovat hyviä kysymyksiä. Onko elämä pelkästään sattumien summaa? Siihen en usko, sillä nytkin olen tieten tahtoen liikkeellä. Minulla on tehtävä, jota olen suorittamassa. Mutta sittenkin, onko alun alkaen sattumaa, kun löysin väitteen, että isoisäni oli työväenliikkeen agitaattori? Onko tarkoitus, että minä selvitän, mitä hän oli aikanaan saanut aikaan.

Parkkeeraan autoni Mikkelissä Elinkeinoelämän arkiston pihalle. Mikkelin kaupunkiin olin tutustunut vuosia aikaisemmin, asuivathan entisen vaimoni vanhemmat ja hänen sisarensa kaupungissa.

On se kummallista, miten ihmisen elämä menee. Siihen voi vaikuttaa kaupunki, jossa asut tai vietät hetkiä, joiden seuraukset ulottuvat vuosien päähän. Niin myös Mikkelistä on minulle tullut paikka, jossa moni asia sivusi elämääni. Olenhan sieltä ostanut kihlat eräästä kultasepänliikkeestä, joka sijaitsi Porrassalmenkadulla. Ehkä sitä kauppaa ei enää ole, kuten ei avioliittoammekaan.

Vuosien päästä huomaa, ettei kaikki ole mennyt niin kuin nuorena sinisilmäisyydessään ajattelee. Siihen vaikuttavat monet seikat, joita nuorena ei tule ajatelleeksi; kun ensihurma häviää ja arki koittaa, elämästä tulee rutiinia, jossa pienetkin säröt tekevät siitä vaikeaa. Vanha fraasi sanoo, ettei raha tee onnelliseksi, mutta se helpottaa elämää jonkin verran. Silti moni avioliitto kaatuu rahahuoliin. Anselm isoisäni avioliitto kesti mutta eipä siihen aikaan avioerot olleet yleisiä. Sitä elettiin yhdessä ja tehtiin lapsia ja töitä.

Oli tipalla, ettei minustakin tullut mikkeliläistä. Helsingin Teknillisestä Oppilaitoksesta valmistumiskeväänä vuonna 1974 edessäni oli työpaikan haku. Elettiin varsin hyvää työllisyystilannetta ja työpaikan suhteen minulla oli monta mahdollisuutta. Syitä, miksi lopulta päädyin Strömbergin Pitäjänmäen tehtaalle suunnittelijaksi, oli varmaan monia, eikä niistä vähäisin se, että Pohjois–Haagasta, jossa silloin asuimme, työmatka tehtaalle oli suhteellisen lyhyt ja työt alkoivat heti valmistuttuani.

Olin myös pääesikunnassa Kasarmintorin varrella haastateltavana, sillä Mikkelin varuskunnan korjaamoon tarvittiin työnjohtajaa. Olisin saanut työpaikan, jos vain olisin suostunut siihen armeijan tarjoamaan puiseen rakennukseen, puulämmitteiseen asuntoon. Asunto sijaitsi lähellä Mikkelin keskustaa. Itse vaadin rivitaloasuntoa Karkialammen rannalta. Siellä ei ollut vapaita asuntoja, joten valitsin Strömbergin, joka myöhemmin osoittautui varsin vääräksi valinnaksi. Suunnittelutyöt tapahtuivat silloin vielä piirustuslaudalla ja kulmaviivainta apuna käyttäen. Piirustuskonttorissa oli monta suunnittelijaa ja vanhempien suunnittelijoiden piirustuslauta sijaitsi huoneen ikkunanpuolisella sivustalla meidän nuorempien vastakkaisella seinällä.

Oliko kuitenkin niin, etten vain halunnut lähteä Helsingistä. En tiedä, miten urani armeijan varusvarastolla olisi edennyt. Suunnittelijaa minusta ei sitten tullut, vaan hakeuduin myyntitöihin jo muuttamien kuukausien jälkeen ja lopulta päädyin vuotta myöhemmin VR:n konekorjaamolle työnjohtajaksi.

Siinä Elinkeinoelämän Arkiston pihalla katsoessani rakennusta, muistan, kuinka eräänä päivänä menin Mikkelissä, entisen vaimoni, Pirjon siskon luo. Astuttuani heidän eteiseen, sisko sanoa töksäytti ensi sanoikseen, että isäni oli kuollut. Jäin hetkeksi seisomaan paikalleni. Vaikka uutinen oli odotettu isäni vaikean sairauden vuoksi, kurja tunne valtasi mieleni. Hetken päästä otin kassistani juoksuvarusteeni ja lähdin juoksemaan Kalevankankaalle. Juoksin ohi paikan, jossa Elinkeinoelämän arkisto nyt sijaitsi.

Joskus myöhemmin sisko oli ihmetellyt, kuinka tunteeton olin ollut kuultuani isäni kuolemasta, lähdin vain juoksulenkille, kuin mitään ei olisi tapahtunut. Enhän minä kovasydäminen ollut, en sinne päinkään. Sillä juoksulenkillä kävin kaikki tunteeni läpi ja purin suruni välillä äärettömän kovaan juoksuun niin, että pahalta tuntui. Välillä kävelin ja pyyhin kasvoiltani hikeä ja taisi siinä tulla jokin kyynelkin pyyhkäistyksi. Täytyy myöntää, että palattuani, olin jälleen rauhallinen ja pystyin toimimaan lähes normaalisti. Eräs vaihe elämän kiertokulussa oli päättynyt ja minulta oli jäänyt monta asiaa kysymättä.

Oliko sitten Anselmin elämä ollut helppoa vaikka rahaa hänellä ilmeisesti oli. Mikä sai hänet usein muuttamaan lastensa ja vaimonsa kanssa paikasta ja yrityksestä toiseen?

Painan arkiston oven soittokelloa ja kuulen, kuinka jossain summeri soi vaimeana, sellaisena pirisevänä äänenä kuin aamuinen herätyskelloni, jonka ääneen en koskaan totu. Ääneen, joka saa minut aina äreäksi. Hetkeen ei tapahdu mitään. Juuri kun ajattelen painaa toistamiseen, oven lukko pitää sirinää ja ovi aukeaa automaattisesti.

Astun sisälle aulaan. Käännyn vasemmalla olevaan huoneeseen, jossa miesvirkailija selailee papereitaan.

– Päivää, sanon ja esittelen itseni. –Lähetin tänne sähköpostia, jossa pyysin tietoja Keskon ja Maakauppiaiden arkistosta, sanon ja katson miestä, joka on kymmenkunta senttiä minua pidempi liki metri yhdeksänkymmentä. Hänellä on urheilijan hoikka, ryhdikäs olemus ja hänen hartiansa leveys kertoo, ettei hän ainakaan ollut kestävyysjuoksijatyyppiä.

– Minä luin sen postin, mies sanoo. –Kävin jo hakemassa ne arkistosta. Oletteko käyneet täällä aikaisemmin?

– En ole. Olen ensimmäistä kertaa.

– Tuolla on kirja, laittakaa sinne nimenne. Oikealla ovat pukukaapit, jonne voitte jättää takkinne.

Mies ohjaa minut tutkijahuoneeseen. Huoneessa on muutama pöytä, seinän vierustalla kirjahylly täynnä mappeja. Eräällä pöydällä on kolme mappia, jotka mies on tuonut minua varten.

– Jos tulee jotain kysyttävää, olen tuolla toisessa huoneessa, mies sanoo ja katsoo minuun kysyvästi ikään kuin haluten, että kysyisin heti jotakin.

–Selvä on. Minä hiukan katson näitä. Eiköhän se tästä lähde? Tulen sitten sanomaan, kun poistun.

Mitään sanomatta mies kääntyy ja lähtee huoneesta. Olen yksin kansioiden kanssa. En ole kovin toiveikas, että löytäisin mitään mutta jostain on jälleen aloitettava. En edes oikein tiedä, mitä tietoa etsin.

Ensimmäinen kansio sisältää Keskon 50–vuotisjuhlaan liittyviä pöytäkirjoja ja puheita. On aika epätoivoista lyhyessä ajassa yrittää lukea kaikkea sitä valtavaa pöytäkirjamäärä, joten tyydyn selailemaan ja katsomaan ylimalkaisesti, löytyykö tekstistä mainintaa, mutta turhaan.

Aika kuluu joutuin. Lopulta löydän lehtileikkeen, jossa Lempäälässä elellyt entinen kauppias Jukka Hyvärinen, joka oli myös aikanaan kauppaitten yhteistoimintaa aloittamassa, 73–vuotiaana muisteli vuosikymmenten takaisia aikoja.

–Yhteistoiminta pääsi hyvään vauhtiin , ja meitä maakauppiaita kokoontui aina silloin tällöin kymmenkunta "Plankun taakse", kuten Tampereen puistoravintolaa nimitettiin. Sinne tuli myös eri liikkeiden kauppamatkustajia tarjouksineen. Kauppaa tehtiin ja alennuksia saatiin. Siihen aikaan tienattiin, ei myynnissä vaan ostoissa. Joku joukosta osti tavaraa nimiinsä, mutta itse kukin maksoi suoraan myyjälle osuutensa. Muistan, miten Matti Lahdensuu–vainaja hoiti puuvillatavarat. Minä taas olin "dynamiittimies" ja tilasin koko joukolle räjähdysaineet.

– On jäänyt lystikkäänä muistona mieleen, kuinka kerran joku ehdotti, että kyllä me sellaisia herroja olemme, että knallit tarvitsemme. Ja niin me painuttiin koko uljas kauppiasporukka hattukauppaan ja ostettiin knallit. Komea oli näky, kun verevät maakauppiaat astuivat ulos jokainen uutuuttaan hohtavassa hatussa. Hinta taisi olla jotain kahdeksan markan tienoilla, ja koska kysymyksessä oli yhteisosto, ostettiin ja saatiin tietysti alennus!"

Minua huvittaa ajatus isoisä Anselmista knallihatussaan. Toisaalta ajatus, että hän olisi tällainen, ei sopinut siihen kuvaa, jonka olin hänestä luonut. Ja miten ravintolamiljöö sopi raittiusmiehenä tietämääni Anselmiin? Ilmeistä on, että silloinkin tehtiin kauppaa, mitä ihmeellisimmissä paikoissa.

32

Olen oppinut, että kirjoittaminen voi toisinaan johtaa pisteeseen, jossa törmää johonkin mikä tekee kipeää tai mitä ei halua muistaa.

Sinä pimeänä jouluaattona maa on musta, sataa tihuttaa ja lämpömittari on reilusti plussan puolella, saan lahjaksi kaksi kirjaa; tyttäreltäni Miialta "Säkeitä isän kädestä" ja itse valitsemani, mutta Ritun ostaman Merete Mazzarellan "Elämä sanoiksi"-kirjan.

"Säkeitä isän kädestä"-kirjan jonka runot ja teksti ovat isäni aikanaan minulle kirjoittamia. Me hänen lapsensa olimme koonneet kirjaksi hänen täyttäessään seitsemänkymmentä vuotta. Nyt tyttäreni Miia on tehnyt sen uudelleen kuvakirjaksi. Kirja antaa valokuvien avulla lyhyen läpileikkauksen joistakin elämäni vaiheista.

Kirjan kannessa on kuva isästäni istumassa kirjoituspöytänsä ääressä runokirjansa kädessään. Hänen molemmilla puolilla on maljakoissa ruusuja ja hänen katseensa silmälasien takaa on suunnattu kirjaan. Takana näkyy minulle niin tutut vihreät verhot, jotka korostavat pöydällä olevien punaisten kukkien väriä ja muistuttavat siitä martinlaaksolaisesta vuokra–asunnosta, jossa isäni ja äitini elivät viimeiset vuotensa.

Kirjan ensimmäisellä aukeamalla on muutama kuva minusta yhden vuoden ikäisenä. Minulla on päälläni lyhythihainen valkoinen paita, jonka kaulusta reunustaa ompelukuvio ja villalangasta neulotut housut. Tyylillä tehdyt henkselit pitivät ne päälläni. Siinä minä istun ja katson tulevaisuuteen pienen lapsen avoimin, kirkkain silmin, tietämättä, miten elämä tulee vielä minua viemään.

Aukeamalla on myös valokuva, joka on otettu syksyllä viisi vuotta myöhemmin Käpylässä, Helsingissä. Seison pidellen oikealla kädelläni veljeäni Anssia ja vasemmalla kädellä veljeäni Pekkaa. Päissämme olevia pipoja komistaa lokin sulat ja vaatteemme ovat vanhanaikaisia: Minulla ja Anssilla on polvihousut ja pitkät, makkaralla olevat sukat. Pekka on puettu kokohaalariin, joka näyttää hiukan isolta hänelle. Syksy ei ole kovin pitkälle edennyt, sillä takanamme olevan pensasaidan lehdet eivät ole varisseet maahan. Katson valokuvaa, jonka olen ottanut vanhempieni kotona joskus monta vuotta myöhemmin. Oma kuvani heijastuu kristallipeilistä, jonka molemmin puolin Anssi ja Pekka seisovat. Heillä molemmilla on samanlainen kauluspaita päällään, mutta Pekan paita on lähes napaan asti auki. Hänen paksu, pitkä, vaalea, kihara tukkansa peittää korvat. Anssin silmät ovat kiinni, kuin hän pelleilisi. Peilistä heijastuu oma kuvani hyvin epämääräisenä ja takanani näkyy kotimme korkea antiikkinen kaappi, jonka yläosaa koristaa ruusukkeen muotoinen puusta tehty koriste.

Isän ja äidin kuoleman jälkeen jouduimme myymään huoneen antiikkikaluston, koska se ei soveltunut kenenkään meidän kotiimme. Vahinko, sillä siinä oli arvokkuutta ja paljon muistoja.

Valokuvat ovat tallentaneet sekunnin sadasosan hetkiä minun ja perheeni elämästä. Silti moni tilanne, joka kuvissa näkyy, ei palaudu mieleeni. Missä, miksi ja koska poseeraan uimarannalla? Olen paljain jaloin ilman paitaa mutta "prässihousut" päälläni. Ketään tuttua ei näy ympäristössä, enkä tiedä, kuka on kuvan ottanut. Onko toinen valokuva, jossa seison korkealla kalliolla ja katson alhaalla avautuvaa isoa järven selkää, otettu Kolilta? Entä, mistä on valokuva minusta järven rannalla valokuvaamassa edessäni aukeavaa järvimaisemaa tai kenen autoon nojaan jossakin kaupungissa? Oliko se erään ystäväni, jonka kanssa kiersimme muutamana kesälomanamme Suomea. Yövyimme leirintäaluilla teltassa. Se tapahtui ennen armeijaan menoani.

Eräässä kuvassa seison rakennuksen – joka näyttää kiviseltä navetalta – edustalla. Poseeraan nyrkkeilijän perusasennossa. Nyrkkeilyhanskat ovat tiukkailmeisten kasvojeni suojana. Mutta, mikä on rakennus, jonka edustalla olen? Pinnistän muistini lokeroita, turhaan. Sitten muistan, kuinka asuessamme Bembölessä harjoittelin kotonamme nyrkkeilyä ja ihailin sen ajan raskaan sarjan ammattinyrkkeilyn maailmanmestaria yhdysvaltalaista Floyd Patterssonia. Lehdet kirjoittelivat isoja juttuja otteluista. Joskus monia vuosia myöhemmin tapasin Patterssonin lehdistötilaisuudessa, kun hän oli käymässä Helsingissä.

Sivun alareunassa on kaksi kuvaa isästäni ja äidistäni. Molemmissa he poseeraavat vierekkäin. Toisessa, joka on otettu asuessamme Bembölessä, he seisovat ulkona. On kesä, etualalla ruoho vihertää ja isäni on käärinyt paitansa hihat ja äiti katsoo ikään kuin arasti ohi kameran. Toisessa kuvassa, joka on otettu vuosia myöhemmin he istuvat vanhalla antiikkisohvalla, jonka äitini oli perinyt tädiltään. Kumpikaan ei katso kameraan mutta heillä on yhteinen katseen suunta. Joskus aikaisemmin heidän katseensa eivät kohdanneet eikä suunta ollut sama. Selailen edelleen kirjaa ja huomaan kuvan, jossa he kaulailevat toisiaan. Olinko useinkaan nähnyt isäni ja äitini kaulailevan tai esittäneen hellyyttä toisilleen? Kuvassa on joulun aika ja joulukuusen kynttilät loistavat taustalla. On kuin uunissa kypsyisi kinkku ja piparkakut olisivat valmiina pöydällä. Ja kuusessa on punainen, muovinen kello, jonka ääni ei ollut sitä kilisyteltäessä kova.

Jollakin sivulla on valokuva, jossa poseeraan äitini kanssa. Minulla on urheiluseurani verryttelytakki päällä ja hiukseni ovat vielä yhtä tummat kuin äidilläni. Äiti on jotenkin vaivautuneen oloinen, niin kuin aina kun otettiin valokuvia. Äidilläni on päällään musta takki ja baskeri peittää hänen hiuksiaan, joissa vasta vähän ennen hänen kuolemaansa alkoi näkyä joitakin harmaita hiuksia. Samalla sivulla on toinen kuva. Isäni nojaa kainalosauvoihin ja äitini seisoo hänen vieressään isän kameralaukku kädessään. Heidän edessään istuu airendalin terrieri Lippe. Jossain elämänsä loppupuolella, isäni pohti pastori Voitto Viron ajatusta, onko koirilla sielua? Kuva on otettu joskus sen jälkeen kun isäni lonkka oli leikattu ja asennettu uusi tekonivel.

Napapiirin kyltin alla poseeraa lasteni äiti, Pirjo sylissään nuorin lapsistani Miia. Merja ja Marjo seisovat äitinsä vieressä. On ilmeisen viileä kesäpäivä. Merjalla on valkoinen villapaita ja hän näyttää palelevan. Pirjo ei ole innostuneen näköinen. Olikohan se viimeinen yhteinen pohjoisen matkamme?

Laitan kirjan yöpöydälleni ja sammutan lukuvalon.

Joulupäivänä tihuuttaa edelleen. Sää ei houkuttele ulkoilemaan, joten alan lukea Merete Mazzarellan "Elämä sanoiksi" kirjaa. Sen takakannessa lukee: "*Jokaisella on kertomuksensa, toisilla hyvinkin raflaava elämäntarina. Elämästään voi kertoa lukemattomin tavoin, mutta omaa tarinaa ei aina ole helppo hahmottaa.*"

Olen samaa mieltä kirjailijan kanssa. Se ei todellakaan ole helppoa, kuten ei siitä kirjoittaminenkaan. Samoin olen yhtä mieltä Mazzarellan kanssa siitä, että "*Me kaikki olemme jotain ja meillä on oikeus kertoa mitä olemme.*" Meillä on oikeus myös kertoa omasta suvustamme ja siitä mistä olemme tulleet ja minne olemme mahdollisesti menossa. Minulla oli siis oikeus kertoa, kuinka Anselm oli vuoden 1908 marraskuussa ostanut kauppias H. Heinon konkurssipesän kauppavaraston ja myynyt sen jäljellä olevan varaston osoitteessa Puutarhakatu 22.

Merete Mazzarella lainaa Jenny Eklundin kysymyksiä: *Mikä on ollut elämässäsi tärkeintä? Millaisia haaveita, visioita ja päämääriä sinulla on ollut? Mitä unelmoit tulevaisuudessa?*

Hyviä kysymyksiä, joihin vastaaminen ei välttämättä ole helppoa. Yksistään ensimmäinen kysymys, mikä on ollut elämässäni tärkeintä. Koska kysymykseen vastaaminen tuntuu vaikealta, esitänkin sen toisin. Mikä oli isoisäni Anselmin elämässä tärkeintä? Minulle tulee tunne, että niin hänen kuin myös minun osalta elämämme tärkeät asiat ovat vaihdelleet aina kulloisenkin elämän tilanteemme mukaan.

Mazzarella kirjoitta myös: "*Omaelämänkerrallisen kirjoittamisen löytöretki voi toisinaan johtaa pisteeseen, jossa törmää johonkin mikä tekee kipeää tai mitä ei halua tietää.*"

Kokemuksesta voin sanoa, että hän on tässäkin oikeassa. Tuleeko kivun ja tuskan kautta elämänmakuista tekstiä? Kas siinä on vasta kysymys. Hän sanoo myös, että surusta on vaikeampi kirjoittaa kuin rakkaudesta. Miten on minun laitani? Onko minulle kumpikaan helppoa?

Kirjassa minua miellyttää tekstin helppolukuisuus ja se, ettei kirjailija tämän tästä käske kirjoittamaan viittä minuuttia. Huomaan,

että Mazzarella kokee myös samalla lailla kuin minä ajan rajallisuu-
den. Hän lainaa toisten kirjailijoiden tekstiä esimerkinomaisesti ja
juuri niiden kautta moni asia avautuu. Hänen on täytynyt lukea pal-
jon, joten joudun varmaan kirjan vielä toistamiseen lukemaan.

33

Jaarankylästä on kirjoitettu kylähistoriikki. Olemme matkalla kirjan julkistamistilaisuuteen. Automme tuulilasin pyyhkijät yrittävät epätoivoisesti pitää lasin puhtaana lumirännästä. Yritän olla hermostumatta pyyhkimien yksitoikkoiseen kitinään. Olemme aikatulusta jäljessä ja huono keli vaikeuttaa vielä ajamista.

– Täytyy ajaa varovasti. Onneksi matkaa ei enää ole paljon. Uskon, että ehdimme sinne tilaisuuteen, sanon ja yritän pitää vauhdin keliin sopivana. Edessä kaasuttavan rekan pyöristä nousee rapaa tuulilasiin.

– Älä aja noin lähellä, Ritu sanoo.

– En, en! vastan ja ajattelen, että on noloa myöhästyä tilaisuudesta, jossa julkistettaisiin Anselmin syntymäkylän historiasta kertova kirja. En odota kirjasta mitään uutta tietoa, mutta haluan olla läsnä ja aistia alkutalven Jaarankylän, haluan tavata ihmisiä, jotka tietävät kylän menneisyydestä ja ehkä sittenkin löydän jonkun pienen uuden tiedonjyväsen, jota minulla ei vielä ole.

Kerran isäni muisteli matkaa Tampereelta Kiikoisiin. Hän istui keinutuolissa aamutakki päällään ja hänen katseensa suuntautui lähes seitsemänkymmenen vuoden takaisiin tapahtumiin.

– Ne matkat kesäkuun alussa Kiikoisiin ovat jotenkin hämärtyneet muistissani, isäni sanoi verkkaiseen tapaansa. Sen minkä hän varmasti muisti, oli se, että matka Kiikan asemalta Jaarankylään tapahtui hevoskyydillä postin mukana.

Anselm oli rakennuttanut kesäasunnon Jaarankylään vuonna 1914. Hänen talonsa oli Kiikoisten ensimmäinen lautarakenteinen asuintalo ja se tunnetaan nimellä Villa Saarinen. Se on säilynyt pitkälti alkuperäisessä asussaan, ikkunoiden puitejako on jugendtyyppinen.

– Kiikkaan tultiin junalla Tampereelta. Postin rattaat olivat tavalliset maalla käytetyt kaksipyöräiset kärryt, joissa oli selkänojallinen etupenkki ja takana vain istuinlauta. Etupenkillä postin vieressä istuivat äiti ja isä sekä takana me pienimmät lapset Yrjö, Mikka ja minä. Miten ne vanhemmat lapset, olihan meitä seitsemän, Kiikoisiin tulivat, sitä en muista.

Tie oli mutkainen ja mäkiä oli paljon. Ylämäissä matkalaisten oli noustava rattailta, jotta hevosen oli helpompi vetää ne ylös. Toisinaan suurimmissa alamäissä oli myös noustava kävelemään.

– Niin kuin siinä jyrkässä Kiimajärven ahteessa tultaessa takaisin Jaarankylästä Kiikkaan, isäni muisti.

Välillä hevosta juotettiin kaivoilla ja yllättävän paljon hevonen ämpäristä joikin. Kun matka jatkui, alkoi vesi hölskyä hevosen vatsassa. Niin sitä hiljalleen köröteltiin, kunnes Jaarankylän jokseenkin suora raitti aukeni edessämme.

Tultiin perille isäni lapsuuden ajan niin tuttuihin maisemiin. Hänelle Jaarankylässä tärkeää osaa näyttelivät vesi eri muodoissaan; järvi, joki ja koski.

– Muistan, että joella oli oma hajunsa. Se jäi voimakkaana mieleeni. Niinpä joskus myöhemmin jossakin muualla olen haistanut sen joen ominaistuoksun, se on palauttanut minulle muistoja Kiikoisista, isäni kertoi.

Anselmin perhe vietti kesäistä vapaapäivää Kiikoisten järvellä. He soutivat saareen. Ottivat onget ja matopurkit esille ja miesväki hajaantui ympäri rantoja ongelle. Saattoipa joku lähteä uistinta vetämään.

– Kun päivä alkoi painua iltapäivän merkiksi, Anselm ja Salon setä keräsivät risuja ja tekivät nuotion. Siihen nuotion päälle tuoreen kepin varaan pantiin kahvipannu, sellainen vanha, musta ja kuparinen pannu. Eväskoreista kaivettiin leipää, voita, kutunjuustoa eikä mitään muuta ollutkaan. Ruokailun jälkeen vanhempi väki asettui loikoilemaan ja nuoret kisailivat. Sitten tuli aika lähteä kotimatkalle.

Anselm ei unohtanut synnyinpaikkaansa vaan toimi Jaaran kylässä aktiivisesti. Hän oli perustamassa paikkakunnalle Jaaran Saha– ja mylly Oy:tä yhdessä veljensä Felixin ja Werner Salon, joka oli hänen siskon mies, kanssa. Yhtiön perustava kokous pidettiin vuoden 1911 lopulla mutta saha lähti käyntiin vasta 1912 keväällä. Sen käyttövoimana oli vuoteen 1938 asti höyry ja sen jälkeen vähän aikaa diesel ja sitten sähkö. Saha oli Osuuskaupan rinnalla ja myllyjen kanssa varsinainen elinvoima Jaarankylässä. Tehtiinpä sahalla suksiakin venäläisille ennen vuotta 1918. Sukset lopullisesti valmistettiin ja tervattiin Anselmin talon piharakennuksessa.

Käännän autoni Jaaranraitille, arvelen, etten varmaan tule tuntemaan sitä samaa joen tuoksua, joka isääni oli viehättänyt, mutta jotakin tulen löytämään. Varmaan vielä moni rakennus on paikallaan, tuskin kuitenkaan hevosrattaita vastaamme tulee.

Lokakuinen iltapäivä hämärtyy, kun ohitamme Kirkon ja ylitämme vuonna 1989 valmistuneen Äetsäntien. Tie ohittaa Jaarankylän keskustan, joka jää uuden tien katveeseen ja näin kasvanut liikenne ohittaa kylän. Hetken päästä vasemmalla näkyy Jaaran kylätalo, joka alun perin rakennettiin työväentaloksi vuonna 1905. Kyläseuranta-loksi se oli muutettu vuonna 1987.

Kaikilla asioilla on alkusysäys ja oma historiansa. Niin myös on Jaaranraitin kirjaprojektilla. Alkukesällä 2009 Tielaitoksen miehiä oli ollut pistämässä keppejä tien varteen. Kerrottiin, että merkitään lunastusalueet ja hakataan alueelta sireenit pois. Ajatus ei jaaralaisista ollut hyvä, koska sireenit ovat Jaarankylän tunnusmerkkejä ja kylää kutsutaan sireenikyläksi. Kyläseura päätti laatia anomuksen museovirastolle kyläraitin ja sireenien suojelemiseksi. Varsinais–Suomen ELY–keskukselta tuli vastaus, ettei valitusta katsota aiheelliseksi. Perusteluna oli, etteivät kyläraitti ja sireenit kuuluneet rakennuslaissa tarkoitetuksi suojelukohteeksi. Näytti pahasti siltä, etteivät kyläläiset saisi Jaarankylän sireeneitä suojeltua. Kaikki toivo ei ollut vielä menetetty, sillä juhannuksen aikaan Yleisradion naistoimittaja soitti eräälle kyläläiselle.

–Onko totta, että kyläraitin sireenit ovat uhattuna. Ei niitä saa hakata pois, ne kuuluvat kyläraitille. Asialle pitää tehdä jotain. Minä teen radio-ohjelman. Hommaa ihmisiä ensi lauantaiksi, joita voin haastatella ja kuljetaan kylätie kaikki yhdessä, toimittaja pyysi. Saatiin kokoon joukko kyläläisiä. He kulkivat kylätien edestakaisin ja kaksi nauhuria oli päällä ja he kertoivat talojen historiasta ja ihmisistä. Haastattelut tulivat myöhemmin Radio Suomesta. Samassa lähetyksessä toimittaja haastatteli ELY–keskuksen henkilöä, joka vastasi tievarsien lunastuksista. Virkamies olikin sovittelevampi ja sanoi, että poikkeuksia on tehty. Myöhemmin virkamies sanoi, että sireenit saavat olla, kunhan ne ovat kaksikymmentä senttiä asvaltin reunasta. Hän sanoi, ettei enää haluaisi olla radion suorassa lähetyksessä.

Koska kyläläiset pitivät kyläänsä ja sen miljöötä tärkeänä, kyläyhdistyksessä päätettiin kerätä historian tietoja kyläraitista ja taloista sekä ihmisistä. Lisäksi päätettiin tehdä kirja. Haluttiin todistaa, että Jaaranraitti on arvokas kylätie. Taustalla oli ajatus, että Jaara ja sen kaltaiset kylänraitit ovat ainutlaatuisia ja koko ajan harvinaisemmiksi käyviä miljöitä maassamme.

Samana iltana, kotona lukulampun valaistessa, selailin uutukaista kirjaa, jonka sivuilla on minulle tärkeä valokuva. Kuva, jota en ennen ole nähnyt ja jonka alla lukee Suomisen klaanin esivanhemmat Herman ja Matilda Mylläri, siis isoisäni Anselmin vanhemmat. Siinä kuvassa Matilda istuu vasemmalla ja hänellä on päällään pieniruudullinen mekko ja tukka on kammattu taakse. Hermannin muhkeiden viiksien takaa yritän löytää joitain omia piirteitäni. Hänen lyhyeksi leikattu tukka paljastaa hiukan ulkonevat korvat ja hänen katseensa näyttää väsyneen miehen katseelta. Päällään hänellä on takki, jonka alta näkyy valkoinen paita.

Paljon samoja piirteitä en itsestäni löydä. Ehkäpä niin on tarkoitettu.

Lopuksi

Jälleen on eräs talvi mennyt ja kesä kolkuttaa ovelle. Eräänä loppukevään päivänä, ajattelen, kuinka isoisäni Anselm Saarisen tarina alkoi Kiikosten Jaaran kylästä ja päättyi Helsinkiin Maurinkadulle. Oma elämäntaipaleeni alkoi samasta Maurinkadun asunnosta ja se on kulkenut monen muuton kautta Tuusulan Hyrylään. Vuodenajat ovat elämän kiertokulkua; kevät, kesä, syksy ja lopulta talven kylmyys. Maailma muuttuu yhä kiihtyvällä nopeudella. Pysymmekö enää mukana? Tuntuu hassulta, kun lapsenlapsi opettaa minulle, kuinka matkapuhelimella voi seurata, missä virtuaalisia Pokemoneja on saatavissa.

Kiikoisten Jaaran kylä ei ole muuttunut yli sadan vuoden aikana. Kylä, jonka maisemista isoisäni lähti 1800–luvun lopulla maalarinoppiin ja kulkeutui lopulta Helsinkiin liikemieheksi, on edelleen paikallaan. Kylä on parhaaseen kukinta–aikaan kaunis näky. Vuonna 1905 rakennettu työväentalo on paikoillaan ja toimii kyläseuratalona. Jaaran raitin varrella seisoo edelleen Villa Saarinen, jonka isoisäni rakennutti kesäpaikakseen. Joen varressa könöttää vanha mylly, jonka toiminta tosin on loppunut. Kylältä parisen kilometrin päässä, kiviaidan takana seisoo ylväänä Kiikoisten puinen ristikirkko, joka valmistui vuonna 1851.

Tämä pieni satakuntalainen paikkakunta, jossa Anselmin isä, Jaaran Taata toimi myllärinä, elää omaa eloonjäämiskamppailuaan. Jaaralaiset ovat huolissaan kylänsä kohtalosta pääteiden ohittaessa entisen Tyrvää – Pori–maantien varrella olevan pienen mutta idyllisen asuinpaikan. Reilun parinsadan asukkaan kylän elämä on hiljentynyt maaltapaon seurauksena. Silti Jaaran kyläseuran tarkoitus on kehittää kylää viihtyisäksi ja hyväksi paikaksi asua. Kylä elää mutta kuinka kauan? Tuskin asutus heti loppuu, sillä seudulla on asuttu jo kivikaudelta lähtien.

Ajan kuluessa ja muutosten tullessa pikku hiljaa vaihe vaiheelta niitä ei mukana kulkija huomaa. On pysähdyttävä miettimään, miten itse asiassa asiat olivat aikaisemmin. Monesti joutuu pohtimaan, oliko kylä ollut juuri sellainen, miltä se sillä tarkasteluhetkellä näyttää.

Vuotta ennen kun isoisäni muutti Helsinkiin, valmistui viidentoista vuoden rakennustyön jälkeen Helsingin uusi rautatieasema. Se on hieno rakennus, joka varmasti aiheutti keskustelua. Samoin, paljon myöhemmin aiheutti kovaakin puhetta asemaa vastapäätä sijaitseva "Makkaratalo". On vaikea muistaa, että talo valmistui vasta vuonna 1967. Sen tieltä purettiin Skohan talo. Siinä nelikerroksisessa uusrenessanssityylisessä liikerakennuksessa toimi Suomen voimistelu– ja urheiluliiton Helsingin piirin toimisto. Nyt ei ole taloa ei myöskään SVUL:ää, jonka palveluksessa isäni aikanaan työskenteli.

Kaisaniemen puiston läpi junaradalle katsottaessa, höyryjuna–aikaan tottuneelle saattaisivat nopeat sähkövetoiset Pendolinot ja Allegrot tulla aikamoisena yllätyksenä.

Helsinki ei ole enää samanlainen kaupunki mihin synnyin, eikä varsinkaan sama, jossa isoisäni asui. Silti edelleen raitiovaunut kulkevat Kaivokatua vaikka eivät ole samanlaisia avovaunuja ja junat lähtevät rautatieasemalta vaikka höyryveturit eivät niitä vedä. Edelleen isoisäni Maurinkadun asunnon ikkunasta aukeaa näkymä Liisanpuiston yli merelle ja Tervasaareen.

Olen tehnyt pitkän matkan yli sadan vuoden taakse isoisäni tarinan parissa ja siinä ohessa kerrannut oman elämäni tapahtumia. Aikaa on kulunut monta vuotta etsiessäni vastauksia kysymyksiin, keitä me olemme ja mitä tapahtui. Melko nopeasti sain myöntävän vastauksen siihen ensimmäiseen kysymykseeni, oliko isoisäni työväenliikkeen agitaattori.

Vaikka olen kiertänyt monessa paikassa ja arkistossa, kaikki asiat eivät ole minulle selvinneet. Niinhän on, että kaikkien ei tarvitse tulla julkisuuteen. Ajatukseni on, että tulevat sukupolvet näkevät, etteivät kaikki asiat ole aina samanlaisia ja virheitä tekee jokainen elämässään.

Kun nälkävuosien lapsi lähtee Tampereelle, hänellä täytyy olla halu tehdä jotain paremman elämän eteen. Ja Anselm teki. Moni ulkoinen asia muuttui hänen elämänsä aikana samoin kuin katsantokannat eri asioihin. Hän teki tietoisia valintoja. Oliko se vain elämän sattumaa, onnea, että hän kohtasi erilaisia henkilöitä, joiden kanssa asiat lähtivät rullaamaan? Oli myös ihmisiä, jotka löivät kapuloita hänen rattaisiinsa. Johdatus ohjasi Anselmia mutta monia ratkaisuja hän joutui myös yksin tekemään.

Muutettuaan Helsinkiin hän toimi Maakauppiaitten Osakeyhtiön johtokunnassa. Vaikka hän oli lopettanut kauppiaan uransa, niin joulun alla, ellei muulloinkin, hänellä oli tapana lähteä lastensa kanssa Katajannokalla sijainneeseen yhtiön pääkonttoriin ostoksille. Vanhana perustajajäsenenä hänellä oli vielä oikeus ostosten tekoon tukkukaupasta, vaikka hän ei ollut toimiva kauppias.

Anselmin paikka elämän ja ajan suuressa virrassa oli olla luomassa alkuun suomalaista työväenliikettä ja myöhemmin osuuskauppatoimintaa. Mitkä seikat saivat hänen katsantokantansa työväenliikkeeseen muuttumaan, jää vielä minulta arvailujen varaan.

Pälkäneellä hänen haaveenaan oli, että edes joku lapsista olisi jatkanut hänen ammattiaan mutta niin ei kuitenkaan käynyt. Ehkäpä siihen oli myös syynä se, että perheen muutettua 1920 Helsinkiin, hän ei enää hankkinut kauppaliikkeitä, vaan toimi talojen isännöitsijänä ja harjoitti kiinteistökauppaa.

Tuskin sukumme kannalta on häpeällistä se, että isoisäni oli alkuun voimakkaasti työväenliikkeessä mukana. Toisaalta se ei sopinut vain tätieni ja isäni arvomaailmaan. Siitä ei saanut puhua.

Olenko minä suvun kapinallinen, joka haluaa kaivaa esiin suvun "suuren" salaisuuden ja tuoda esille ajan, joka on monelta unohtunut. Ehkä juuri se, ettei lapsuuteni ollut mitenkään varakasta mutta toisaalta varsin tapahtumarikasta, ajaa minua kuvamaan asioita, kertomaan, miten minä koin elämäni. Vai onko syy se, etten koskaan tavannut isoisääni.

Mitä traumoja isovanhemmiltani tai lapsuudestani olen siirtänyt aikuisuuteeni ja onko niillä tekemistä sen kanssa, miten onnelliseksi tai onnettomaksi aikuisena olen tuntenut itseni? Omat murheeni ovat pitkälti, tavalla tai toisella itse aiheuttamiani. Varmaa on, että isoisäni, isäni ja minä teimme tyhmyyksiä, vääriä valintoja ja ratkaisuja. Kuinka ne ovat vaikuttaneet seuraavaan sukupolveen, on vain arvailujen varassa. Kuitenkin luulen tietäväni, miltä häpeä, epätoivo ja lopulta toivo tuntuvat. Silti jokaiselle lapselle omat vanhemmat ovat tärkeitä. Siksi pääsääntöisesti lapset antavat vanhempiensa väärät teot ja valinnat anteeksi. Niin minäkin olen tehnyt. Entä, mitä tekevät omat lapseni?

Olen käyttänyt paljon aikaa isoisäni tarinan selvittämiseen. Moni asia jää silti selvittämättä. Ovatko ne seikat yleensä enää selitettävissä, sitä en tiedä ja kaikkea itsestäni en pysty kirjoittamaan. Olen aina nuoresta asti siirtänyt hankalia asioita seuraavaan päivään. Olen tahattomasti tai tahallisesti pyrkinyt unohtamaan asioita ja monet asiat ovat jääneet tekemättä. Ehkä se on perinnöllistä sillä isoisäni oli joidenkin tietojen mukaan henkilö, joka käynnisti asioita mutta ei vienyt niitä aina loppuun asti.

Kun yritän kirjoittaa muistojani, olen unohtanut kaikki kapinoimiseni vanhempiani kohtaan, jotka halusivat vain minulle parasta niin kuin minä toivon omille lapsilleni. Olen unohtanut monet koulukaverini vaikka luulin joskus, että ystävyydet kestävät ikuisesti.

Muistan, kuinka yritin kamppailla työelämässä saavuttaakseni arvonantoa mutta suorapuheisuuteni ei aina miellyttänyt kaikkia. Toimin ammattiyhdistystoiminnassa uskoen alkuun naiivisti pyyteettömyyteen ja yhteiseen etuun, enkä nähnyt sitä raadollisuutta, mikä oli monen henkilön toiminnan motiivina. Kuulin heidän puhuvan kauniisti yhteisestä edusta, mitä enemmän he sitä korostivat, sitä enemmän heitä näytti kiinnostavan vain oma etunsa. Uskoin vilpittömästi myös huippu–urheilun puhtauteen. Turhaan. Silti, edelleen uskon liikunnan vaikutukseen ihmisten hyvinvointiin ja ay- liikkeen tarpeellisuuteen.

On myös paikkansapitävää, että olen aiemmin käyttänyt alkoholia, vaikka sen mausta en erityisemmin pitänyt ja tein sellaisia asioita, jotka olisin voinut jättää tekemättä. Monesti tarvitsin myötätuntoa tuskaani. Aina en sitä saanut. Yritinkö silloin turhaan hukuttaa pahoinvointini alkoholiin? Monet tapahtumat haavoittivat sisintäni: niiden arvet ovat varmaankin parantuneet ja muistot tallentuneet jonnekin, josta niitä en halua kaivaa esille.

Muistan sen pitkäperjantaiaamun Keravalla, jolloin löysin oman pohjani ja laitoin vapisevat käteni ristiin ja pyysin apua. Silloin myönsin voimattomuuteni ja elämäni alkoi muuttua. Se muutos ei ollut helppoa mutta päivä kerrallaan olen selvinnyt aina tähän päivään saakka.

Elämä on kuin maratonjuoksu jossa on selkeä alku ja loppu ja siinä on niin ylä– kuin alamäkiä ja jotkut uupuvat kesken matkan. Voin kokemuksesta todeta, että loppu maratonilla on monesti tuskaista taivalta. Toiset saavat huipputuloksen toiset vain selviävät urakakastaan.

Eteen minulle tuli lopulta myös päivä jolloin katsoin, että selvitystyöni isoisäni ja oman tarinani osalta oli tehty, enkä enempää vain voinut tehdä.

"Jumala
suokoon minulle tyyneyttä hyväksyä asiat,
joita en voi muuttaa,
rohkeutta muuttaa mitkä voin ja
viisautta erottaa nämä toisistaan."

(Reinhold Niebuhr)